집에서도 차에서도
실천하는 탄소 다이어트

집에서도 차에서도 실천하는 탄소 다이어트

글 정종영 · 그림 정유나

머리말

  2023년 여름, 중앙아시아를 여행했다. 보름 넘게 머무르면서 많은 곳을 돌아다녔다. 주로 택시를 탔다. 중앙아시아에서 가장 편한 교통수단이 택시라고 생각했기 때문이다.
  낯선 곳이라 해도 며칠 있다 보면, 조금씩 현지 생활에 익숙해진다. 그때부터는 현지 주민처럼 생활도 더 편해지고, 조금 더 다가가 주변을 자세히 살필 수 있다.

한국으로 돌아올 때쯤, 현지인을 보면서 이런 생각이 들었다.
'카자흐스탄이라는 나라가 생각보다 온실가스 배출량이 꽤 많네!'
해외까지 와서 이런 생각을 하는 내 모습이 웃겼다.
한국에 돌아온 뒤 한참이 지나 이 생각이 다시 떠올랐다. 곧바로 전 세계 국민 1인당 탄소 배출량을 검색해 보았다.

* 2020년 기준

카자흐스탄 국민 1인당 온실가스 배출량 약 16.9톤 CO_2eq

대한민국 국민 1인당 온실가스 배출량 약 10.7톤 CO_2eq

세계 평균 1인당 온실가스 배출량 (약 4.8톤 CO_2eq)

보고도 믿을 수 없었다.
경제 규모가 우리나라보다 작은데 1인당 온실가스 배출량이 우리보다 더 많다는 사실이 믿기지 않았다. 나도 카자흐스탄 여행을 하면서 택시를 많이 이용했다. 먼 거리를 꽤 많이 돌아다녔으니, 카자흐스탄의 온실가스 배출량을 올리는데 한몫 거든 셈이었다.

이런 생각을 하면서 진심으로 반성했다. 앞으로 온실가스 배출을 줄이는 여행을 하겠다고 다짐하면서 고민했다. 결국, '공정여행'이라는 방법을 찾았다.

2024년 봄, 이번에는 공정여행을 실천했다. 항공권을 고를 때도 탄소배출이 적은 직항을 선택했고, 좌석도 일반석을 구입했다. 덕분에 여행경비가 훅 줄었다. 타이완에서도 현지 사람처럼 살았다. 현지 시장에서 물건을 사고, 현지 사람과 똑같은 음식을 먹고, 현지 사람이 가는 곳을 둘러보았다. 주로 버스, 지하철, 철도를 이용했다. 타이완은 다른 어떤 나라보다 대중교통이 편리한 것은 사실이다. 그래도 하루 3만 보 이상을 걸었으니, 100점 만점에 95점은 주고 싶다.

우리의 편안한 삶은 다른 말로 온실가스 배출의 연속이라고 표현할 수 있다. 또한 우리 습관과 행동이 탄소배출에 너무 익숙해져 있음을 뜻한다.

그런 이유에서 우리나라 국민이 세계 평균 2배 이상의 온실가스를 배출한다는 사실은 부끄러운 현실이다.

지금보다 조금 더 늦게 움직이고, 조금 더 불편해지면 어떨까 생각해보았다. 우리가 불편하면 불편할수록 지구는 더 편안해지고, 더 건강해질 것이 분명하기 때문이다.

2024년 7월
맑고 푸른 하늘을 바라보며
정종영

차례

✢ 1 ✢
온실가스 어림없어, 우리 집은 내가 지킨다

1. 차이나는 관리비 _ 15
2. 새는 열을 잡아라! _ 31
3. 새집은 제로에너지건축, 헌 집은 그린리모델링 _ 46
4. 건축물에서 발생하는 온실가스를 줄이려면 _ 64

✦ 2 ✦
자동차에서 내뿜는 온실가스를 줄여라!

1. 엉뚱한 곳으로 튀어버린 불똥 _ 78
2. 200년 전, 전기자동차가 있었다고? _ 92
3. 전기로 움직이는 자동차 _ 104
4. 달리는 공기청정기, 수소연료전지차 _ 119
5. 화석연료를 사용해도 친환경? _ 133
6. 반쪽이 아닌 진짜 100% 친환경 실천 _ 146
7. 하늘을 나는 택시 _ 161
8. 이번 휴가는 공정여행으로 _ 174

온실가스 어림없어,
우리 집은 내가 지킨다

차이나는 관리비

아파트 공동 현관 자동문이 열리자, 채민이가 먼저 뛰었다. 지연이도 따라 들어왔다. 둘은 약속이나 한 듯 계단에 걸터앉았다.

"휴! 이제 좀 시원하네."

"비라도 계속 오든지, 오다 말다 날씨가 정말 변덕이야. 진짜 장마가 맞아?"

지연이가 맞장구를 치면서 한 손으로 셔츠 목 아래를 살짝 들고 다른 손으로 부채질하며 작은 바람을 만들었다. 따가운 햇살에 습도까지 높아 바깥은 견딜 수 없을 만큼 더웠다. 현관 안은 해가 들어오지 않아 덥지 않았다. 게다가 계단 근처 어디선가 부는 시원한 바람을 느낄 수 있었다.

"장마라기보다는 스콜(squall) 같아. 작년에 베트남 여행 갔을 때, 하루에 한 번씩 비가 잠시 내렸어. 이제 우리나라도 진짜 아열대 기후가 되었나 봐."

채민이가 방실방실 웃으며 장난치듯 얘기했다. 지금 우리나라 기후가 진짜 아열대 기후처럼 느껴졌기 때문이다. 채민이는 3학년 겨울 방학을 잠시 떠올렸다. 가족과 함께 다녀온 첫 해외여행이라 잊을 수 없는 추억이 많았다.

"어! 관리비 고지서가 나왔네."

지연이가 벌떡 일어나 우편함으로 걸어갔다. 우편함 전체에 똑같은 우편물이 꽂혀 있었다. 채민이가 따라오자 707호 고지서를 먼저 뽑아 건넸다. 그러고는 1207호 고지서를 뽑았다.

"6월 전기요금이 10만 원이 넘었어!"

채민이가 깜짝 놀라며 고지서를 보았다.

"그렇게 많이 나왔어? 우리 집은 7만 원 정도 나왔는데. 에어컨 많이 쓰나 봐."

"아니, 아직 선풍기만 틀어. 우리 집에 전기 잡아먹는 귀신이 있나? 왜 이렇게 많이 나왔지!"

지연이가 고지서를 손에 쥐며 엘리베이터 단추를 눌렀다. 엘리베이터 문이 곧바로 열렸다. 채민이가 7층과 12층 단추를 눌렀다.

엘리베이터가 올라가는 동안, 채민이는 고지서를 뚫어지게 쳐다보았다. 우리 집이 지연이 집보다 3만 원이나 더 나올 이유가 없다고 생각했다. 식구 수도 같고, 아파트 평수도 같았다. 게다가 우리 집은 전기를 아껴 쓰기 위해 무척 노력한다. 에어컨도 7월 31일까지는 틀지 않는다. 뭔가 문제가 있는 것이 분명했다.

"지연아, 집에 가서 겨울철 관리비 고지서 좀 찾아봐 줘. 겨울에도 많이 나왔다면, 우리 집에 뭔가 문제가 있는 게 틀림없어."

"알았어."

지연이 대답과 동시에 엘리베이터 문이 열렸다. 채민이가 손을 흔들며, 엘리베이터에서 내렸다.

1. 차이나는 관리비

"다녀왔습니다."

큰 소리로 인사하며 엄마를 찾았다. 엄마가 방에서 나오자, 채민이는 관리비 고지서를 먼저 보여드렸다.

"제가 살펴보고 조금 있다가 드려도 돼요?"

"뭘, 보려고?"

"우리 집에 전기요금이 너무 많이 나오는 것 같아요."

"진짜?"

전기요금이라는 말에 엄마가 눈을 크게 뜨며 조금 놀라는 표정을 지었다. 채민이는 조금 전 일을 모두 얘기했다. 그러고는 작년 관리비 고지서를 찾아달라고 부탁했다.

"알았어. 따라와."

엄마는 쌩긋 웃으며 안방으로 들어갔다. 화장대 서랍을 열어 관리비 고지서 뭉치를 꺼내 채민이에게 주었다. 채민이는 공손하게 두 손으로 받아 방으로 들어갔다. 창문을 열고 선풍기를 틀었다. 그러고는 관리비 고지서를 월별로 먼저 정리했다.

"딩동."

보나마나 지연이 문자였다. 채민이는 스마트폰을 열었다.

깜찍이 지연
찾았음
언제부터 보내줄까?

작년 1월부터 사진 찍어서 다 보내줄 수 있어?

깜찍이 지연
작년 1월부터?
모두?
내가 몽땅 가지고 내려갈게. 지금 올라와 중간에서 만나자

알았어

 채민이는 자리에서 일어나 밖으로 나가려다 다시 들어왔다. 선풍기를 끄지 않았기 때문이다. 발가락으로 선풍기 단추를 툭 눌렀다. 쌩쌩 돌아가던 선풍기 날개가 꺽꺽 소리를 내며 힘없이 멈췄다. 채민이는 방화문을 몸으로 밀고 계단을 올라갔다. 쿵쿵거리는 소리가 요란했다. 지연이 발소리였다. 계단을 올라갈수록 소리가 더 커졌다.
 "자! 받아."
 지연이가 두툼한 종이 뭉치를 내밀었다. 채민이는 보물이라도 찾은 듯 두 손을 벌리고 함박웃음을 지었다.
 "고마워!"
 지연이가 한 손을 들자, 채민이도 한 손을 올려 손뼉을 힘차게 마주쳤다. 둘은 손을 흔들며 몸을 돌리고 집으로 다시 걸음을 옮겼다.

현관문을 열고 들어가다가 엄마와 눈이 마주쳤다.

"벌써 받아온 거야? 지연이네 관리비 고지서 같이 볼까?"

"아뇨. 제가 먼저 살펴보고 알려드릴게요."

"그래."

채민이는 다시 방으로 들어가 선풍기 바람을 쐬면서 우리 집과 지연이 집의 관리비 고지서를 비교했다. 전기요금이 매달 3만 원 정도 더 많이 나왔다. 여름철에는 4만 원까지 차이가 났다. 혹시나 해서 가스요금도 살폈다. 매월 비슷했지만, 11월부터 3월까지 5만 원 정도가 더 나왔다.

"전기요금과 가스요금을 합치면, 겨울에는 8~9만 원이나 차이가 나네. 일 년이면 도대체 얼마야?"

혼잣말하면서 고지서를 다시 살폈다.

아무리 봐도 뭐가 문제인지 알 수 없었다. 지연이네 관리비 고지서를 사진으로 모두 찍었다. 관리비 고지서를 뚫어지게 보면서 한참을 생각했다.

"답답해!"

혼잣말하며 자리에서 벌떡 일어났다. 온종일 생각만 하는 것보다 지연이 집에 가서 두 눈으로 직접 보는 게 더 낫겠다는 생각이 들었다.

잽싸게 스마트폰을 들어 지연이에게 전화했다. 관리비 고지서를 가져다준다는 핑계를 댔지만, 우리 집과 지연이 집이 뭐가 다른지 원인을 찾고 싶었다.

"안 줘도 된대도."

"아니야. 이런 거 함부로 버리면 안 돼. 그리고 할 얘기도 있어."

"할 얘기! 뭔데?"

"가서 할게."

전화를 끊고, 다시 계단을 뛰어올라갔다. 1층에 있는 엘리베이터를 기다리는 것보다 걷는 게 더 빨랐다. 12층 계단 앞에 지연이가 서 있었다.

지연이와 함께 안으로 들어갔다. 지연이 엄마에게 인사를 하고 거실로 들어갔다.

"할 얘기 있다며, 내 방으로 가자."

지연이가 옷소매를 잡아끌었지만, 채민이는 모른 척하며 지연이 엄마에게 관리비 고지서를 내밀었다. 동시에 곁눈질로 주변을 살폈다. 우리 집과 크게 다르지 않았다. 그러다가 에어컨을 보고 깜짝 놀랐다.

"너희 집, 에어컨 벌써 돌리니?"

"응. 우리는 장마 시작하면 돌려. 집안에 습기 있는 거 아빠가 싫어하시거든."

"에어컨을 돌리는데, 전기요금이 우리 집보다 적게 나온다고!"

채민이 목소리가 자기도 모르게 올라갔다.

"여기 와서 수박 좀 먹으면서 얘기해. 궁금한 거 있으면 마음껏 물어

보고.”

 지연이 엄마가 주방에서 수박을 잘라 그릇에 담으면서 얘기했다. 둘은 주방에 가서 의자에 마주 보고 앉았다. 그러고는 관리비 고지서를 보고 느낀 점에 대해 모두 말했다.

 “너희 집이랑 우리 집이랑 비슷할 거야. TV, 냉장고, 세탁기, 에어컨, 전자레인지 또 뭐가 있지?”

 “컴퓨터랑 공기청정기요.”

 “맞아. 비슷비슷할 거야. 그런데 전자제품 살 때는 반드시 확인해야 할 게 있어.”

 “그게 뭔데요.”

 지연이 엄마는 전자제품의 에너지 소비 효율 등급제도에 대해 알려주었다. 비슷한 제품이라도 에너지 소비 효율 등급이 높을수록 전기 사용량이 더 적었다.

 “에너지 소비 효율 등급제도요! 그런 게 있어요?”

 “제품마다 숫자로 등급을 표시해놨지. 이쪽으로 와봐.”

 지연이 엄마가 거실 창가로 채민이를 데려가 에어컨 옆에 붙은 에너지 소비 효율 등급을 보여줬다. TV, 냉장고, 세탁기, 에어컨, 전자레인지 모두 1등급이었다.

 “이 표시 본 것 같아요. 우리 집은 2등급도 있고, 4등급도 있는 것 같아요.”

"같은 제품이라도 등급 낮은 제품이 조금 더 쌀 거야. 10년을 쓴다고 생각하면, 비용 차이가 별로 없을 거야. 오히려 이득일 수도 있어. 하지만 전기 사용량은 훨씬 더 많지. 너희 집이랑 우리 집이랑 전기요금이 얼마 차이 난다고 했니?"

"한 달에 3만 원 정도 차이 나요."

"1년이면 36만 원, 10년이면 360만 원이네. 생각보다 꽤 많지?"

"네."

채민이는 심각한 표정을 지으며 고개를 끄덕였다. 10년 동안 360만 원을 더 썼다는 게 억울했다. 하지만 앞으로도 이 돈을 계속 내야 한다는 게 더 씁쓸했다.

 넷제로 인싸되기

에너지 소비 효율 등급

에너지 효율이 좋은 고효율 제품은 제품에 붙은 3가지 정보만 확인하면 쉽게 고를 수 있다. 의외로 간단한 이 3가지 제도는 소비자에게 에너지 효율 성능에 대한 올바른 정보를 제공하여 고효율 제품을 구매하도록 유도하고, 제품의 에너지 효율 기술의 향상을 촉진하여 에너지 절약과 온실가스 감축 효과를 기대할 수 있다.

① 효율 등급제도 : 에너지 소비 효율 또는 에너지 사용량에 따라 1~5등급으로 표시한다. 전기제품, 에어컨, 세탁기, 백열전구 등 22개 품목과 자동차에도 적용된다. 에너지 소비 효율 등급, 월간소비전력량, 이산화탄소배출량, 연간 에너지비용 등이 표시되고 1등급은 5등급 제품보다 30~40% 정도 에너지가 더 절약된다.

② 고효율인증제도 : 에너지 효율이 좋은 제품을 알려준다. 한국에너지공단에서 고효율 에너지기자재 인증서를 발급한다. 가스보일러, 펌프, 냉동기, 인버터뿐만 아니라 고기밀성 단열문, 냉방용 창유리 필름 등 효율적 에너지 관리가 필요한 제품에 마크를 표시한다.

③ 대기전력 저감 프로그램 : 대기전력 저감 프로그램은 전자제품을 사용하지 않을 때 소모되는 대기전력(Standby Power)을 줄인 제품에 표시한다. 컴퓨터, 프린터, 팩시밀리, 복사기, 스캐너, 복합기, 자동절전제어장치, 오디오, 라디오, 전자레인지, 도어폰, 유무선 전화기, 비데, 모뎀, 손 건조기, 서버, 디지털컨버터, 유무선공유기 등의 제품에 정보를 표시한다.

▍대기전력

컴퓨터, 모니터 등 사무가전기기는 실제로 사용하지 않는 대기 상태(standby)에서도 많은 전력을 소비하는데, 이것을 대기전력이라고 부른다.
대기전력 소비량은 상당히 많으며, 복사기 같은 제품은 전체 전력 80%까지 소모하는 것으로 추정했다.
사무기기는 콘센트에 항상 연결되어 있다. 사용 시간이 많지 않지만, 플러그가 전원에 연결되어 있으면 전원이 꺼져도 전력은 소모된다. 대기시간에 낭비되는 에너지 비용은 우리나라 가정·상업 부문 전력 사용량의 10%가 넘는다.

"채민이가 집에 가서 부모님을 잘 설득해 봐. 돈보다 더 중요한 게 환경이잖아. 미래를 생각한다면, 돈을 아끼는 것보다 전기소비량이 적은 제품을 고르는 게 좋아. 전기를 생산할 때, 온실가스가 발생하잖아. 하나를 사더라도 환경을 생각해서 골라야 해. 물건살 때, 가성비가 아닌 가심비를 꼭 생각해야 한다고."

"가심비요?"

지연이 엄마가 가심비에 대해 알려주었다. 가심비란, 마음의 만족감을 더 높여주는 소비 행태이다. 미래 지구를 생각한다면 환경을 지킬 수 있는 환경친화적 제품을 고르는 게 현명한 선택이다.

"맞아요. 아빠한테 꼭 얘기해야겠어요. 우리 집은 전자제품 살 때, 아빠가 고르거든요. 기능과 디자인을 먼저 보고 제품이 결정되면, 이곳저곳 가격을 비교해서 싼 곳에서 사요. 이제 우리 집도 제가 나서서 하나씩 바꿔야겠어요."

"오! 채민이 대단한데."

지연이가 양손 엄지를 올리며 환하게 웃었다.

"참, 전기요금이 어떻게 나오는지 아니?"

"아뇨."

지연이 엄마가 전기요금 계산 방법을 알려주었다. 대한민국 전기요금은 사용량이 일정 기준을 넘어가면, 기본요금과 사용요금이 가파르게 올라갔다. 특히, 7월과 8월에는 기본요금과 사용요금이 더 비쌌다.

지연이 엄마는 설명을 끝내고, 채민이네 6월 전기요금을 계산해주었다. 채민이네 전기 사용량은 450kWh이고 요금은 109,000원 정도 나왔다. 하지만 지연이네는 380kWh를 써서 79,000원 정도 나왔다.

"혹시, 399kWh를 쓰면 요금이 얼마나 나오나요?"

지연이 엄마가 잽싸게 계산기를 두드렸다. 84,000원 정도 나왔다.

"에너지 소비 효율이 좋은 제품 몇 개만 바꾸면 사용량을 15% 정도 줄일 수 있을 거야."

"10%면 45kWh, 15%면 67.5kWh네요."

채민이가 혼잣말하듯 작은 목소리로 얘기하며 지연이네 거실을 부러운 눈빛으로 바라보았다.

채민이네 전기요금

2024년 6월 전기요금 (450kWh 사용) : 109,010원 세부 내역

(2024년 1월 1일 기준)

주택용 전력(저압, 기타 계절)			
기본요금		전력량 요금(원/kWh)	
200kWh 이하 사용	910원	200kWh까지	120원
201~400kWh 사용	1,600원	다음 200kWh까지	214.6원
400kWh 초과 사용	7,300원	400kWh 초과	307.3원

주택용 전력(저압, 7·8월)			
- 슈퍼유저요금 : 7월 1일~8월 31일까지 1,000kWh 초과 전력 요금 736.2원/kWh 적용			
기본요금		전력량 요금(원/kWh)	
300kWh 이하 사용	910원	300kWh까지	120원
301~450kWh 사용	1,600원	다음 150kWh까지	214.6원
400kWh 초과 사용	7,300원	450kWh 초과	307.3원

* 기본요금 + 전력량 요금 + 기후환경요금 ± 연료비조정요금 + 부가가치세 + 전력 사업 기금

① 기본요금 : 7,300원 (3단계 단가)

② 전력량요금 : 82,285원 (1~3단계 요금의 합계, 원 미만절사)

   - 1단계 : 200kWh × 120원 = 24,000원

   - 2단계 : 200kWh × 214.6원 = 42,920원

   - 3단계 : 50kWh × 307.3원 = 15,365원

③ 기후환경요금 : 450kWh × 9원 = 4,050원 (깨끗하고 안전한 에너지를 제공하는 데 드는 비용)
   부과방식 : 기후환경요금 단가(매년 변동) × 사용전력량

④ 연료비조정요금 : 450kWh × 5원 = 2,250원 (연료비 변동분(석탄, 천연가스, 유류)을 반영하는 요금)
   부과방식 : 연료비조정 단가(매 분기 변동) × 사용전력량

⑤ 전기요금계 : 95,885원

   = 7,300원 (①) + 82,285원 (②) + 4,050원 (③) + 2,250원 (④)

⑥ 부가가치세 : 95,885원 (⑤) × 10% = 9,580원 (원 미만 반올림)

⑦ 전력기반기금 : 95,885원 (⑤) × 3.7% = 3,540원 (10원 미만절사)

⑧ 청구금액 : 95,885원 (⑤) + 9,580원 (⑥) + 3,540원 (⑦) = 109,010원 (10원 미만절사)

넷제로 인싸되기

건물 부문의 탄소중립

■ 건물 부문 온실가스 배출량

2018년 기준으로 대한민국 건물 부문에서 발생한 온실가스는 52.1백만 톤이었고, 전체 총배출량의 7%를 차지했다. 간접 배출량까지 포함하면 179.2백만 톤이며, 24.6% 정도를 차지했다. 여기서 직접 배출량은 건물을 지을 때 발생하는 온실가스양을 뜻하고 간접 배출량은 조명, 난방, 전자제품의 사용 등 건물을 사용하면서 발생하는 온실가스양을 의미한다.

건물 부문의 에너지별 사용 비중을 살펴보면, 전력이 43.9%로 가장 큰 비중을 차지했고 도시가스, 등유·경유 등 화석연료의 비중은 46.7%였다.

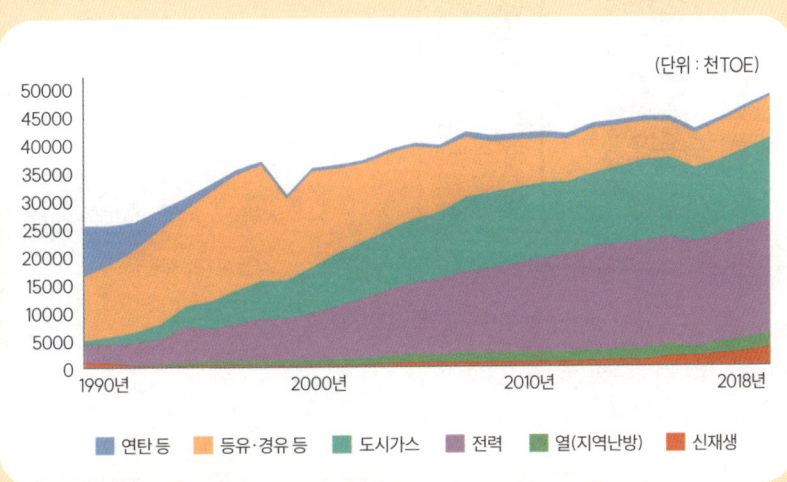

▎건물 부문 온실가스 에너지 수요 및 배출 전망

대한민국 2050 탄소중립 시나리오를 살펴보면, 2050년 건물 부문 온실가스 배출량은 2018년 52.1백만 톤에서 88.1% 감소한 6.2백만 톤이 될 것으로 예측했다. 에너지 소비량은 2018년 소비량 46.9백만TOE* 대비 약 23% 줄어든 36백만TOE 수준으로 예측했다. 에너지별 소비 비중을 보면, 화석연료(연탄, 등유·경유, 도시가스 등) 사용량은 2018년 47%에서 2050년 8%로 감소하고, 전력과 신재생 및 지역난방 등 열에너지 사용량은 92%로 확대될 것으로 전망했다.

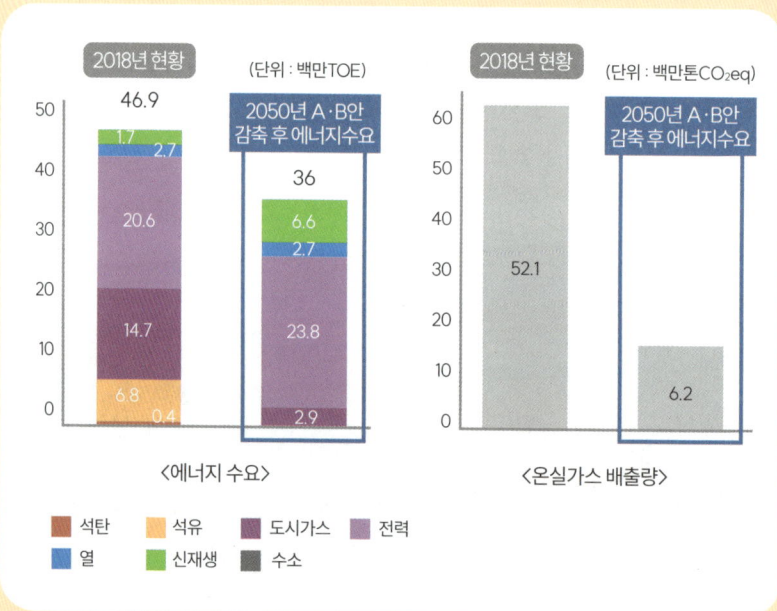

*TOE(Ton of equivalent) : 석유 1톤을 연소시킬 때의 발열량. 1TOE는 1,000만 kcal이다.

새는 열을 잡아라

"너희 집도 LED등으로 모두 바꿨지?"

지연이 엄마가 천장을 가리키며 물었다.

"아뇨. 백열등만 LED등으로 바꿨어요. 백열등은 이제 안 팔잖아요."

채민이가 대답하면서 반짝거리는 눈빛으로 지연이 엄마를 바라보았다. 전기요금 줄이는데 조명기구도 중요하다는 생각이 들었기 때문이다.

"형광등은?"

"아직 안 바꿨어요. 형광등은 백열등보다 전기를 덜 먹는다고 하던데 아닌가요?"

채민이는 고개를 좌우로 살살 흔들며 물었다.

"맞아. 형광등이 백열등보다 전기를 덜 먹지. 하지만 LED등보다는 많이 먹어."

"정말요?"

지연이 엄마는 채민이가 놀라는 표정을 보면서 미소를 지었다. 그러고는 백열등의 역사와 특징에 관해 얘기했다.

200여 년 전, 스코틀랜드 발명가 제임스 보우먼 린제이(James Bowman Lindsay)가 백열등을 처음으로 만들었다. 당시, 백열등은 수명이 너무 짧고 열이 많이 발생하여 상품으로 판매하지 못했다. 1878년, 에디슨이 오래 쓸 수 있는 제품을 만들어 팔기 시작하면서 백열등의 대중화가 이루어졌다. 하지만 백열등은 에너지 효율이 낮아 유럽, 일본 등에서 판매를 금지했고 우리나라도 2014년부터 백열등 사용과 판매를 금지했다.

"와! 2014년이면……!"

"우리가 아장아장 걸어 다닐 때잖아."

"아니야. 나는 뛰어다녔어. 히히. 내 생일이 1월 27일이거든. 채민이 너는 8월 27일이니까 배밀이 정도……."

지연이 엄마 설명에 둘은 장난치며 얘기를 주고받았다.

곧이어 형광등과 LED등에 관해 설명했다.

넷제로 인싸되기

전구 종류

62W

백열등 수명이 1,000시간 정도로 짧고, 에너지 효율도 낮다. 전구의 불을 밝히는 데 전력의 5% 정도를 사용하고, 95%는 열에너지로 방출하기 때문이다. 이런 이유로 북유럽에서는 2009년 9월부터, 유럽연합과 일본에서는 2012년부터 백열등 사용을 금지했다. 우리나라는 2014년부터 수입과 생산을 중단했다.

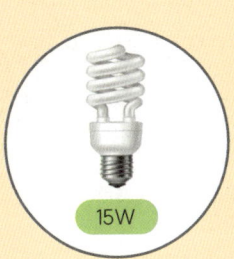
15W

형광등 진공으로 된 유리관에 수은과 아르곤 가스를 넣고 안쪽 벽에 형광 도료를 칠해서 만든다. 수은이 방전할 때 생기는 자외선을 가시광선으로 바꾸어 빛을 낸다. 백열등에 비해서 열이 덜 발생해 에너지 효율이 높고, 소비전력은 1/4 수준으로 적다. 수명도 약 5~6배 길다. 하지만 형광등을 켤 때 약 1.5시간씩 수명이 줄어드는 단점이 있다. 또한 형광등 안에 있는 수은이 환경오염을 일으킨다.

7.5W

LED(Light Emitting Diode)등 반도체의 특성을 이용해서 전기 신호를 빛이나 적외선으로 바꾼다. LED등의 소비전력은 전구의 1/8, 형광등의 1/2 수준이다. 또한 크기가 작고, 수명도 반영구적이다.

"형광등도 LED등으로 바꿔야겠어요."

"맞아. 2028년부터는 형광등도 판매가 금지되지. LED등보다 전력 소비가 많고, 특히 수은이 환경에 나쁜 영향을 미치거든."

지연이 엄마의 설명이 끝나자, 채민이의 표정이 밝아졌다. 이제야 전기요금 줄이는 방법을 알았기 때문이다. 효율 좋은 가전제품으로 하나씩 바꾸고, 형광등을 LED등으로 교체하면, 전기요금을 400kWh 아래로 줄일 수 있겠다는 확신이 생겼다.

"이제 다 해결한 거야?"

지연이가 생글생글 웃으며 물었다. 채민이는 입술을 깨물며 우물쭈물했다. 이제 겨우 전기요금 줄이는 방법 한 가지를 해결했을 뿐이었다. 겨울철, 가스요금 줄이는 방법도 알고 싶었다. 하지만 지연이 집에서 벌써 1시간 반이나 있었다. 여름이라 바깥은 아직 훤했지만, 곧 6시였다. 채민이는 잠시 고민하다가, 입을 열었다.

"한 가지 더 있는데, 내일 물어봐도 될까요?"

"또 있다고?"

지연이가 조금 놀란 듯 눈을 크게 뜨며 물었다.

"그래, 그건 내일 또 얘기하자. 이제 저녁 준비를 슬슬 해야겠구나."

채민이는 공손히 인사를 하고, 지연이 집에서 나와 곧장 집으로 갔다. 현관문을 열자, 텁텁한 공기가 밀려 나왔다. 저녁 준비를 하는지 주방에서 요란스러운 소리가 났다.

"다녀왔습니다."

채민이는 큰 소리로 인사하며 방으로 들어갔다. 창문을 열고, 선풍기를 3단으로 틀었다. 의자에 앉아 공책을 펴고 연필을 쥐었다. 잊어버리기 전에 지연이 엄마한테 들었던 방법을 깔끔하게 정리하고 싶었다. 말로 아빠를 설득하다가 하나라도 잊어버리면 실패할 수 있기 때문이었다.

아빠는 늘 절약을 강조했다. 어떤 물건이라도 오래 쓰는 것을 좋아했고, 고장나면 새로 사는 것보다 고쳐 쓰는 습관이 몸에 배었다. 하지만 관리비 고지서를 보면서 오래 쓰고, 고쳐 쓰는 것이 반듯이 좋은 것은 아니라는 생각이 들었다.

"맞아, 물건 살 때는 가성비보다 가심비로 선택하는 것이 옳아!"

정리하면서도 지연이 엄마가 했던 이 말이 머릿속을 떠나지 않았다.

저녁을 먹고 정리를 계속 이어갔다. 몇 가지는 인터넷에 검색해서 추가했다. 정리를 끝낸 후, 채민이는 두 팔을 활짝 벌려 기지개를 켰다. 10시 30분이었다. 긴장이 풀렸는지, 눈꺼풀이 무거웠다. 채민이는 노트를 다시 한번 보면서 읽었다. 중요한 곳은 빨간색 펜으로 줄을 긋고 별표 표시를 했다.

"아, 맞네."

내일 지연이네 가기 전, 우리 집을 미리 조사해 가는 것이 순서라는 생각이 들었다. 우리 집에 가스를 사용하는 기구는 보일러와 가스레인지밖에 없었다. 스마트폰을 주머니에 넣고, 조용히 밖으로 나갔다. 아빠는 거실 소파에 기대어 텔레비전을 보았다. 물컵을 꺼내 들고, 베란다로 갔다. 냉장고 문을 열어 물을 따라 마시며 유리문 너머로 아빠를 살펴봤다. 야구 경기를 보는지, 아빠는 텔레비전에서 눈을 떼지 않았다.

스마트폰을 꺼내 불빛을 비춰 발코니 벽면에 붙은 보일러를 살펴보았다. 사각형 앞면에 작은 귀뚜라미 한 마리가 붙어 있고, 아래에는 '거꾸로 잘 타는 보일러'라는 이름이 선명하게 쓰여 있었다. 옆면에 에너지 등급 표시가 있었다. 4등급이었다.

"헉!"

충격이었다. 4등급이면 너무 낮다는 생각이 들었다.

설거지 통에 컵을 놓으며 가스레인지를 살폈다. 눈을 크게 뜨고 다시 살폈지만, 에너지 효율 등급 표시가 없었다.

"너무 오래돼서 떨어졌나?"

마음이 급했다. 아빠가 거실 소파에서 눈만 돌리면 볼 수 있는 위치라 더 오래 있을 수는 없었다. 눈을 크게 뜨고 몇 번을 보아도 에너지 효율 등급 표시는 찾을 수 없었다.

다음 날, 수업을 마치고 채민이와 지연이는 피아노 학원으로 갔다. 건물 입구에서 건우를 만났다. 건우는 채민이와 3학년 때 같은 반이었다. 지연이는 건우와 같은 반이 된 적은 없었지만, 학교에서 몇 번 본 적이 있었다.

"안녕."

"너, 피아노 배워?"

"응. 며칠 전에 등록했는데, 태권도랑 시간이 안 맞아서 오늘 처음 온 거야."

"올라가자!"

셋은 사이좋게 안으로 들어갔다. 다닥다닥 붙은 방에서 비슷한 멜로디가 돌림노래처럼 흘러나왔다.

"건우 왔구나. 하이든 방으로 들어가. 선생님 곧 들어갈게."

원장 선생님이 맨 끝 방을 가리키며 얘기했다.

채민이와 지연이는 빈방으로 각자 들어갔다. 채민이는 피아노 위에 있는 메트로놈 속도를 맞추고 악보를 폈다. '딱딱딱' 소리를 들으며 숨을 한번 들이켰다. 그러고는 천천히 건반에 손을 올렸다. 딱딱딱 소리에 맞춰 음계 연습부터 시작했다. 다섯 번이 끝날 무렵, 옆 방에서 건우가 치는 피아노 소리가 들렸다.

도, 레, 미…….

채민이는 자기도 몰래 웃음이 났다. 피아노 학원에 처음 왔을 때의 기억이 떠올라 건우가 치는 음계를 장난치듯 눌렀다.

"채민아, 왜 엉뚱한 소리가 들리지?"

선생님이 안을 보면서 나긋나긋한 목소리로 얘기했다. 채민이는 다시 건반 위에 손을 올렸다.

수업이 끝나고, 둘은 집으로 향했다. 푹푹 찌는 날씨가 땀을 쭉쭉 짜냈다.

"아빠한테 얘기했어?"

지연이가 어깨로 살짝 치면서 말을 걸었다.

"아니."

"왜?"

"아직 때가 아니야. 조금 더 공부해서 확실하게 얘기해야 해. 우리 아빠 국어 선생님이야. 그냥 얘기하면, 오히려 내가 설득당할걸."

채민이는 지연이네로 바로 갔다. 지연이 엄마가 준비한 간식을 먹고 난 후, 공책을 펼쳤다.

"공부하니? 웬 공책!"

지연이가 물끄러미 바라보며 웃었다.

"집에 가서 적으니까 생각이 빨리빨리 안 나더라고. 그래서 오늘은 들으면서 적으려고."

채민이가 싱글벙글 웃으며 얘기했다. 곧이어 지연이 엄마가 가스요금 줄이는 방법을 설명했다. 예상대로 가스보일러 얘기가 나왔다. "우리 집은 4등급인데요."라는 말이 목구멍까지 올라왔지만, 차마 입으로 뱉을 수 없었다. 한참 동안 가스보일러 얘기를 했지만, 가스레인지에 대해서는 아무 말도 하지 않았다.

"가스레인지는 상관없어요?"

"우리 집은 인덕션인데."

지연이가 불쑥 끼어들었다. 지연이 엄마가 잠시 생각하더니, 스마트폰을 꺼내 들었다. 그리고는 예전에 찾아봤던 자료를 보여주었다.

인덕션과 가스레인지를 비교한 도표였다.

"인덕션 열효율이 더 높네요."

채민이가 화면을 보면서 차분하게 얘기했다.

"열효율이 높다고 꼭 좋은 건 아니야. 생각보다 인덕션의 전기 사용량이 많거든. 전기 소모량이 많으면, 결국 탄소배출로 이어지는 거잖아."

지연이 엄마가 가스레인지의 열효율 등급이 없는 이유에 대해 조금 더 알려주었다.

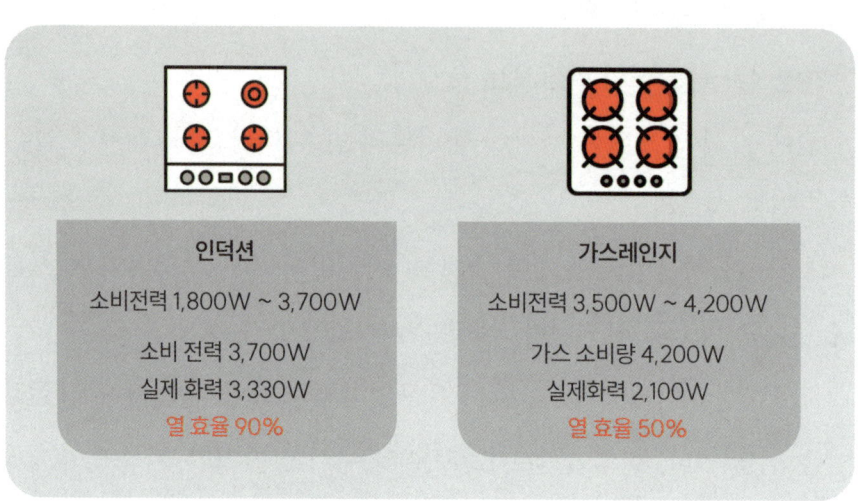

가스레인지는 전기제품과 달리 열을 사용하기 때문에 에너지 소비량의 정확한 측정이 쉽지 않다. 또한, 조리 방식, 사용 환경 등에 따라 크게 달라질 수 있어 에너지 효율 측정이 어려웠다.

"전기 사용량이 더 많은데, 왜 인덕션을 사용하세요?"

채민이가 조심스럽게 물었다.

"사실, 나도 고민이 많았어. 인덕션은 전기를, 가스레인지는 가스를 사용하잖아."

도시가스는 메탄이 주성분인 천연가스를 사용했다. 가스전에서 천연가스를 뽑아 올릴 때, 많은 양의 메탄가스가 대기 중으로 날아간다. 또한 천연가스를 배로 이동할 때도 액체 상태를 유지하기 위해 메탄가스를 공기 중으로 조금씩 날려보낸다. 메탄은 이산화탄소보다 약 36배 더 강력한 온실가스이다. 천연가스 사용량이 많아질수록 더 강력한 온실가스가 대기 중으로 올라가는 것이다.

이런 이유로 미국 일부 주에서는 건물에서 가스를 쓸 수 없도록 법으로 정해놓았다. 또한 영국, 독일 등 유럽 국가에서는 가스보일러를 난방용으로 사용할 수 없도록 법으로 만들어 놓았다.

"이미 설치한 집은 어떻게 해요?"
"보조금을 주면서 신재생에너지를 사용하는 보일러로 바꾸게 하지."
"엄마, 전기도 천연가스로 만들잖아. 그러면 전기나 도시가스나 똑같은 거 아니에요?"

지연이가 잽싸게 얘기하면서 엄마를 말똥말똥 보았다.

"맞아. 하지만 앞으로 전기를 만들 때, 화석연료 발전보다 신재생에너지 발전이 더 많아질 거야. 그러니까 미리 준비해두는 것도 나쁘지 않아."

채민이는 설명을 들으면서 공책에 '신재생에너지'라고 쓴 뒤 단어에 네모를 치고, '온실가스 배출 줄이기'라는 문구를 덧붙였다.

선택의 기준을 '돈'에 두면 충분히 고민할 수 있는 문제였다. 하지만 이것을 '온실가스 배출'이라는 기준에서 살펴보면, 고민 없이 쉽게 결정할 수 있었다.

"또 한 가지가 더 있지."
"네! 또 있어요?"
채민이가 조금 당황한 듯 입이 쩍 벌어졌다. 가스를 사용하는 제품에 대해서는 모두 설명을 들었다고 생각했다.
"새는 열을 잡아야지. 겨울에 따뜻한 공기가 밖으로 도망가면, 실내를 데우기 위해 보일러를 또 돌려야 하잖아. 반대로 여름에는 찬 공기가 사라지면, 에어컨을 또 돌려야 하지."
"맞네요."
채민이의 얼굴이 환해지며 손뼉을 쳤다.
새는 열을 잡는 방법은 생각보다 간단했다. 빈틈을 막아주는 고성능 창문이었다.
"채민아, 창문에도 에너지 효율 표시 등급 스티커가 붙어 있는 거 모르지?"
지연이 엄마가 일어나 거실 쪽으로 걸어갔다.
유리창 아래쪽에 붙어 있는 스티커를 가리켰다. 전자제품에서 봤던 것과 비슷했다.
"와! 유리창도 1등급이네요."

"여기 자세히 볼래?"

'1' 아래 열관류율 '0.74W/m²k'가 적혀있었다. 이 숫자가 적으면 적을수록 고성능 창문이라는 의미였다. 채민이는 창문에 붙어있는 스티커가 보이게 사진을 찍었다.

"이런 창틀을 써야 겨울철 가스요금도 줄일 수 있다는 말이죠?"

"그래. 조금 아쉽지만, 우리 집에서는 이게 최선을 다한 거야."

지연이 엄마가 조금 아쉬운 표정을 지으면서 대답했다.

"조금 아쉽다고요?"

채민이가 의아한 표정을 지으며 고개를 돌렸다.

"그래, 조금 아쉽지. 완벽하게 바꾸려면 집을 다 뜯어고쳐야 하거든. 한두 달 어디 살 곳이 있다면, 완벽하게 고칠 수 있어. 나중에 다른 곳으로 이사 가면 완벽하게 바꿀 거야."

"다른 게 또 있어요?"

채민이가 깜짝 놀라며 외쳤다.

"왜 궁금해?"

"네."

채민이가 대답하면서 고개를 세차게 끄덕였다. 지연이 엄마가 제로에너지건축물에 대해 얘기했다. 지연이네보다 더 완벽한 집이었다.

"우리 동네에 있어요?"

"있지. 여고 동창 집인데 남편이 건축 일을 하거든. 내일 연락해보고, 약속 잡아볼게."

넷제로 인싸되기

고성능 창호 (고성능 창문)

햇빛을 차단하고, 공기가 이동하는 것을 막아주는 창문이다. 이런 제품을 사용하면, 냉난방 에너지를 10% 이상 줄일 수 있다.

- 단열 : 집 내부와 외부 사이의 열 전달을 줄이는 다중 유리 및 저방사율 코팅과 같은 고급 단열 재료를 사용해 열 통과율을 낮춰 단열 성능을 높인다.

- 열 손실 감소 : 가정에서 에너지 손실의 상당 부분을 차지하는 창틀 주변으로 열이 빠져나가는 것을 빈틈없이 막아 실내 온도를 일정하게 유지한다.

- 태양열 조절 : 집으로 들어오는 태양열의 양을 조절하여 더운 날씨에 에어컨 사용을 줄여 냉방 비용을 낮출 수 있다.

- 결로 현상 저감 : 실내와 실외의 온도 차이가 심하면 유리창에 물방울이 이슬처럼 맺히는 결로 현상이 발생한다. 고성능 창호는 결로현상을 줄여준다.

- 에너지 요금 절약 : 일반 창문에 비해 초기 비용이 더 높을 수 있지만 시간이 지남에 따라 공공 요금이 낮아진다.

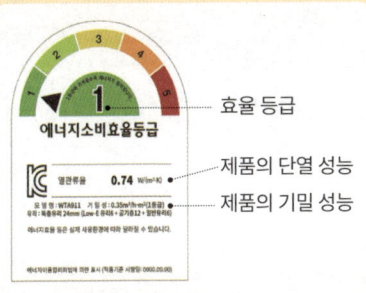

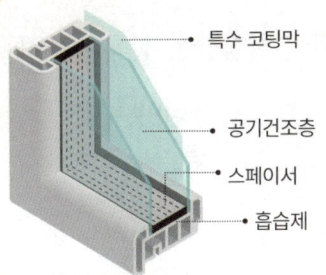

새집은 제로에너지건축, 헌 집은 그린리모델링

토요일, 채민이는 아파트 1층 현관에서 지연이와 지연이 엄마를 만났다. 세 사람은 길을 따라 천천히 걸었다.

이글거리는 해가 하늘 꼭대기에서 도로를 뜨겁게 달구었다. 맴맴 울어대는 매미 소리가 거리를 가득 채웠다. 구름 한 점 없는 날씨에 신이 난 것은 매미뿐이었다.

"엄마, 이런 날씨에 걸어갈 거예요?"

지연이가 입술을 실룩거리며 물었다.

"걸어서 5분 거리야."

"그렇게 가까워요!"

채민이가 이마에 흐르는 땀을 닦으며 얘기했다.

 길을 건너 골목 안으로 들어가자 특이하게 생긴 건물이 보였다. 2층 짜리 하얀색 네모 건물이었다. 건물 앞쪽에 태양광 패널이 빛났고, 낮은 울타리에 걸린 하얀, 노랑, 빨강 장미 덩굴이 자태를 뽐냈다.
 마당에는 숲처럼 나무가 울창했다. 담벼락을 지나면서 지연이 엄마가 전화를 걸었다. 대문이 열리면서, 건우가 뛰어나왔다.
 "안녕. 어서 와!"
 "여기가 너희 집이야?"
 채민이가 깜짝 놀라며 물었다. 지연이도 신기한 듯 건우와 인사하며 생글생글 웃었다. 건우 엄마가 뒤따라 나왔다. 지연이와 채민이는 건우 엄마를 보고 반갑게 인사했다.

"우리 지연이 많이 컸네. 몇 년 만이야."

어릴 때, 건우 엄마가 집에 자주 놀러 왔다. 하지만 초등학교에 들어가고는 거의 보지 못했다. 건우 엄마가 일행을 안으로 데려갔다. 식탁에 먹기 좋게 잘라놓은 수박이 있었다.

"얘기 들었어. 채민이가 우리 집에 관심이 많다며? 건우 아빠 곧 들어올 거니까 수박 먹으면서 잠깐만 기다려."

잠시 후, 건우 아빠가 왔다. 하얀 셔츠에 청바지 차림이었다.

"다 같이 갈까?"

"전 빠질래요. 할 게 좀 있어요."

건우가 수박을 먹으며 손사래를 쳤다. 지연이와 채민이가 건우 아빠를 따라나섰다. 지연이 엄마는 예전에 설명을 들은 적 있는데다가 동창끼리 할 얘기가 있다며 뒤로 물러났다. 셋은 2층 작은 방으로 먼저 들어갔다. 컴퓨터와 모니터 두 개가 책상 위에 놓여 있었다. 건물에 사용하는 모든 에너지를 관리하는 컴퓨터였다.

"얘들아, 이 집은 제로에너지건축물이야. 제로에너지건축은 처음 들어보지?"

"지연이 엄마한테서 며칠 전 들었지만 무슨 뜻인지는 잘 몰라요."

채민이가 해맑게 웃으며 얘기했다.

건우 아빠가 제로에너지건축물의 의미를 먼저 설명해 주었다.

제로에너지건축물은 사용한 에너지만큼 에너지를 생산해서, 에너지 생산과 소비의 차이가 '0'이 되는 건축물을 의미한다.

"이 집은 전기요금이나 가스요금이 안 나오나요?"

"거의 안 나오지. 집에 필요한 에너지를 모두 생산해서 사용하거든."

"와! 정말 신기해요. 그런 게 어떻게 가능해요?"

채민이가 눈을 동그랗게 뜨며 물었다.

"하나하나 설명해 줄게. 잠시만 기다려."

건우 아빠가 마우스를 잡고 살짝 흔들자, 화면이 밝아졌다. 집에서 사용하는 모든 에너지를 관리해 주는 건물에너지관리시스템(Building Energy Management System, BEMS)이었다.

"음, 오늘은 전기를 얼마나 생산했는지 볼까?"

건우 아빠가 얘기하면서 메뉴를 눌렀다. 오늘 생산하고 소비한 전력량, 이번 달 사용하고 소비한 전력량, 배터리 저장량, 남은 시간 등이 화면에 나란히 나타났다.

"건물 벽에 붙은 태양광 패널 봤지? 거기서 집에 필요한 전기를 생산하지. 남는 전기는 대용량 배터리(ESS)에 저장해."

"저장하고 남는 전기는 어떻게 해요?"

"남는 전기는 한전(전기회사)에 팔아. 한 달에 몇만 원 정도 통장으로 들어오지."

"와! 너무 신기해요."

지연이가 얘기하면서 손뼉을 치며 환하게 웃었다.

"혹시, 냉난방 모두 전기를 사용하나요?"

"전기를 조금 사용하지만, 냉난방의 대부분은 지열히트펌프로 하지. 땅속의 열을 이용해서 냉난방을 동시에 할 수 있거든. 이것도 신재생에니지 중 하나야."

"신재생에너지발전에는 풍력, 태양광발전만 있는 줄 알았는데. 여기는 완전 신세계인데요."

"이게 전부가 아니야."

건우 아빠가 빙그레 웃으며 제로에너지건축물에 필요한 주요 기술을 알려주었다. 패시브 기술과 액티브 기술이다.

제로에너지 건축물은 패시브와 액티브 기술을 사용한다. 열이 빠져나가거나 바람이 새어 나가지 못하게 틈새를 촘촘히 막고, 햇볕 양을 조절하는 등 건물 자체의 성능을 더 좋게 만드는 방법이 바로 〈패시브 기술〉이다. 기계 설비의 효율이나 재생에너지 생산과 관련된 것은 〈액티브 기술〉이다.

"제로에너지건축물에 들어간 패시브 기술과 액티브 기술을 하나씩 살펴볼까?"

건우 아빠가 웃으며 둘을 거실로 데려갔다. 들어올 때는 몰랐는데, 거실 창문이 모두 열려있었다. 어디선가 바람이 솔솔 불었다. 밖은 해가 쨍하게 떠 있는데, 거실은 바람이 불어 시원했다.

"선풍기도 아니고, 에어컨도 아닌 것 같은데. 진짜 바람이 부는 거예요?"

지연이가 혼잣말하며 사방을 둘러보았다.

"그래 맞아. 자연환기는 매우 중요하지. 선풍기처럼 바람으로 더위를 쫓을 수 있잖아. 이 집은 바람이 잘 통하도록 설계되어 있어. 자연바람은 아무리 많이 사용해도 공짜잖아. 예전에 우리 한옥도 그랬지."

"옛날 한옥요?"

오래전부터 우리 조상은 보일러와 에어컨 없이도 사계절을 잘 견디

냈다. 전통 가옥인 한옥은 집 뒤에 언덕이 있어, 낮에는 언덕 그늘에서 부는 시원한 바람이 뻥 뚫린 대청마루를 지나다녔고, 창문은 들어 올릴 수 있어 방으로 통하는 바람길을 열어주었다.

마룻바닥 아래 공간을 만들어 여름에는 바닥의 뜨거운 열이 올라오지 않았다. 반대로 겨울에는 차가운 냉기가 위로 올라오지 않았다. 저녁에 밥을 짓기 위해 아궁이에 불을 때면, 열기가 고래를 지나며 구들장을 데워 아침까지 따뜻했다. 에너지를 최소한으로 사용하면서 따뜻하게 지낼 수 있는 효과적인 난방법이었다.

"우리 조상님의 지혜가 정말 대단해요."
"우리 한옥이 정말 우수하네요."
둘은 애기를 듣고는 서로 한마디씩 내뱉었다.

"자, 이쪽을 한번 볼래?"
손으로 천장 위를 가리키며 걸었다. 이번에는 폐열회수 환기장치에 대해 알려줄 생각이었다.

천장 모서리 끝에 동그란 환기구가 있었다. 거실 뿐 아니라 모든 방 천장에 설치되어 있었다. 겨울철 환기를 할 때, 신선하지만 따뜻한 공기가 들어오는 통로였다.

"이게 가능해요? 겨울에 환기하려고 문을 열면 얼마나 추운데요."

"당연하지. 그래서 폐열회수 환기장치를 달아놓은 거야."
"이 장치는 어디 있어요?"
"바로 이 안에 있지."

건우 아빠가 몸을 돌려 거실 벽 쪽으로 걸어갔다. 벽에 비밀 문이 있었다. 문을 열고 모두 안으로 들어가 위를 쳐다보았다. 둥근 배관 여러 개가 네모난 상자에 모두 연결되었다. 폐열회수 환기장치였다. 여기서 실내 공기가 바깥 공기를 만나 서로 열을 주고받았다.

겨울에는 실내에 있는 더운 공기로 바깥에서 들어오는 차갑고 신선한 공기를 따뜻하게 만들어 열 손실을 막아준다. 여름에는 반대로 버리는 찬 공기로 신선한 더운 공기를 시원하게 만든다.

"와! 생긴 것은 단순한데, 꽤 과학적이네요."

채민이가 폐열회수 환기장치를 뚫어지게 쳐다보면서 얘기했다.

설명이 끝나자, 밖으로 나왔다. 건우 아빠는 창틀이 보이는 곳에 서서 벽을 가리켰다. 생각보다 꽤 두꺼웠다. 단열재를 넣어 집안의 열이 최대한 천천히 빠져나가게 했기 때문이다.

"벽이 정말 두껍지. 오래된 건물일수록 벽에서 빠져나가는 열이 많아. 그래서 단열을 잘해야 해. 난방이나 냉방을 열심히 해 봤자, 공기가 밖으로 빠져나가 버리면 아무 소용 없거든."

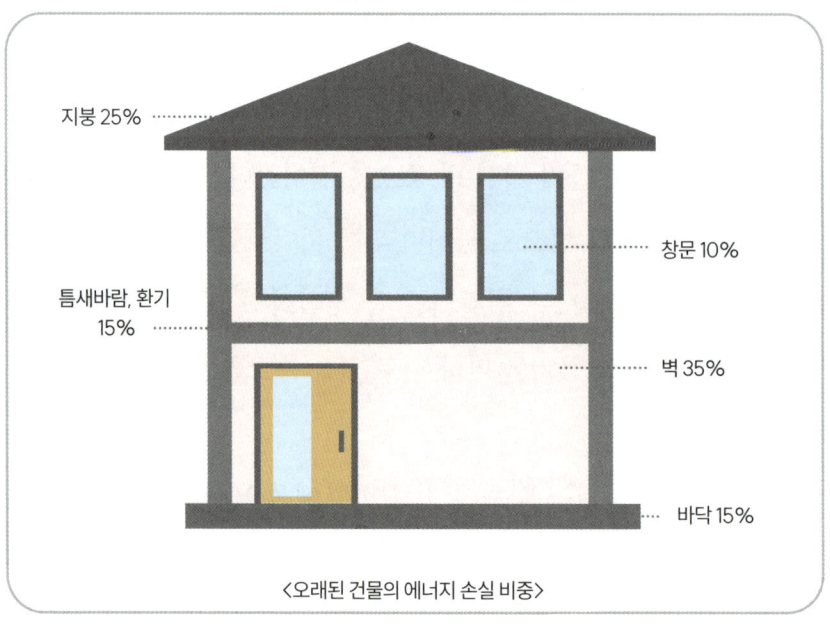

〈오래된 건물의 에너지 손실 비중〉

건우 아빠가 벽을 손으로 툭툭 건드리며 얘기했다.

건물 벽에서 빠져나가는 열이 꽤 많았다. 벽을 통해 35%의 열이 사라졌다. 창, 지붕, 틈새, 바닥 등을 통해서도 열이 빠져나갔다.

건우 아빠가 이번에는 창틀 위를 가리켰다. 창틀 위쪽에 뭔가 있었다. 햇볕을 가려주는 자동 차양이었다.

"오늘은 덥지 않아 창문을 열어놨지만, 몹시 더운 날은 창을 닫고 냉방을 하지. 냉방기 전원을 켜면, 차양이 자동으로 스르륵 내려와."

"햇볕이 들어오면 더워지니까 미리 막아 그늘지게 하는 거네요. 마치 밖에서 치는 커튼 같아요."

"맞아."

지연이 말에 건우 아빠가 고개를 끄덕이며 함박웃음을 지었다.

"이제 옥상으로 가 볼까?"

다시 안으로 들어갔다. 건우 아빠가 둘을 데리고 건물 옥상으로 올라갔다.

"와! 예쁘다."

채민이는 옥상정원에 핀 꽃을 보면서 탄성을 질렀다. 노란 호박꽃이 곳곳에 활짝 피어 있었고, 뜨거운 햇살에 누런 호박잎은 힘이 빠져 축 늘어져 있었다. 옥상 한구석에 태양광 패널이 또 있었다. 옥상정원도 빠져나가는 열을 막아주는 데 도움을 주었다.

흙과 나무가 여름에는 뜨거운 햇볕을 막아주어 건물이 뜨거워지지 않게 해주고, 겨울에는 새는 열이 빠져나가지 못하게 막았다.

"지붕에서 빠져나가는 열 25%를 옥상정원이 막아주는군요."

채민이는 목에 힘을 주며 당당하게 얘기했다.

"제법인데."

건우 아빠가 채민이를 보며 흐뭇한 미소를 지었다.

"조금 전에 설명해주셨잖아요. 다 기억하고 있어요. 히히."

"내려가자."

건우 아빠는 제로에너지건축물에 사용한 모든 기술에 관해 설명을 끝냈다.

"이제 제로에너지건축물의 구조에 대해 확실히 알겠지?"

계단을 내려가면서 건우 아빠가 싱글벙글 웃으며 둘을 보았다. 채민이는 조금 당황한 듯 지연이에게 고개를 돌렸다. 지연이도 얼굴을 찌푸리며 입을 꾹 다물었다.

"아저씨가 장난친 거야. 그럴 줄 알고 제로에너지건축물에 대해 정리한 자료를 준비해놨어. 한 번 듣고 다 아는 사람이 어딨니?"

"정말요? 감사합니다."

둘은 건우 아빠 서재에서 준비한 자료를 받았다. 방금 보고 들었던 내용이 간단하게 정리된 자료였다.

"아저씨, 이런 집은 새로 지어야 가능하잖아요. 우리 집은 10년도 넘은 아파트인데 어떡하죠?"

채민이는 얼굴을 찌푸리며 건우 아빠를 보았다.

"뭘 걱정해. 여기 있는 것 중에서 효과 좋은 것 몇 가지만 골라서 바꾸면 되지. 리모델링 있잖아. 그린리모델링."

"그린리모델링이요?"

"새집은 제로에너지건축, 헌 집은 그린리모델링하면 돼."

 넷제로 인싸되기

제로에너지건축물

제로에너지건축물에는 패시브 기술과 액티브 기술을 사용한다.

패시브(Passive)
냉·난방 에너지 사용량 최소화
(단열 성능 강화)

+

액티브(Active)
신재생에너지 생산
(태양광, 지열 등)

=

제로에너지건축물
(Zero Energy Building)

제로에너지건물
건물에서 에너지를 사용한 만큼 에너지를 생산해서,
에너지 생산과 소비의 차이가 '0'이 되는 건축물

패시브 기술 (별도의 에너지가 소비되지 않는 요소)		
① 자연환기		자연에너지인 바람의 통로를 설계하고 공기의 압력 차이를 활용하여 실내 공기와 실외 공기를 자연스럽게 바뀌게 해준다.
② 고성능 창문 (또는 고성능 창호)		창문을 통해 햇빛을 차단하고 공기 유입을 막는 고성능 창문이다. 냉난방 에너지를 10% 이상 줄일 수 있다.

③ 고기밀		창문이나 문을 닫았을 때 문틈이나 벽 등에서 빠져나가는 열을 최소화하여 바깥 공기가 들어오거나 실내 공기가 빠져가는 것을 막아준다.
④ 외부 단열		실내의 열을 건물에 최대한 저장하여 열을 천천히 흡수하거나 천천히 내보내면서 실내 온도를 일정하게 유지시켜 준다.
⑤ 외부 차양		처마나 커튼 등을 창문에 설치해 실내로 들어오는 태양광을 차단한다. 태양광은 실내로 들어오기 전에 차단해야 하므로 내부보다는 외부에 설치하는 것이 더 효과적이다.
⑥ 옥상녹화		건물 옥상에 식물을 심으면 여름철에는 햇빛으로부터 받는 열을 차단하고, 겨울철에는 방출하는 열을 흡수할 수 있다.

액티브 기술	
(별도의 에너지가 소비되는 설계·설비 요소)	
① 고효율 보일러	실내 난방과 온수 공급을 동시에 하면서 높은 효율을 내는 보일러를 사용하여 에너지 사용량을 최대한 줄일 수 있다.
② 폐열회수 환기장치	외부에서 유입되는 차가운 공기와 실내의 더운 공기가 열 교환기를 통해 실내에 공급되는 공기의 온도를 올리고 내리는 장치이다.
③ 고효율 LED 조명	LED 조명(전류를 가하면 빛을 발광하는 반도체 소자)의 사용 전력은 일반조명 대비 1/5 수준이며, 수명도 15배나 길어 에너지 및 자원 절약 측면에서 우수하다.

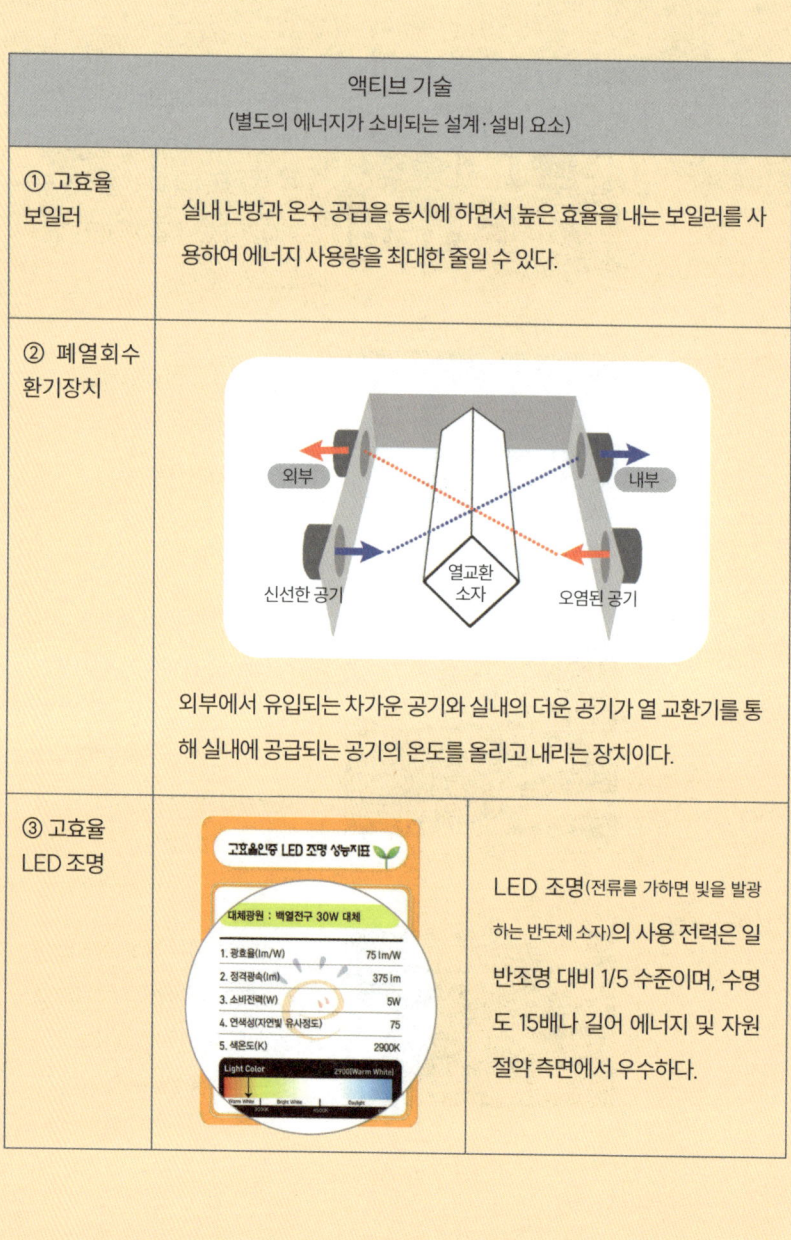

④ 건물에너지관리시스템	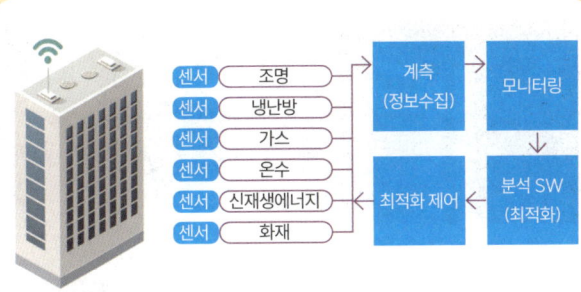
	건물에너지관리시스템(BEMS)은 건물 에너지 관리에 필요한 제어, 관리, 측정, 운영 등의 기술을 통합한 장치이다. 이 기술을 통해 건물의 장치를 최적화로 운영하고, 실내 환경을 쾌적하게 만들어 에너지 효율을 높일 수 있다.
⑤ 신재생에너지를 이용한 냉난방 및 발전 시스템	 <건물 일체형 태양광 발전 시스템> 건축물의 마감재료로 태양광 모듈을 외피로 적용 <복사냉난방 시스템> 바닥에 파이프를 매립, 지열을 이용해 난방 <진공관형 태양열 시스템> 태양에너지를 이용해 온수와 냉난방을 공급
	건물의 냉난방에 신재생에너지 발전을 사용해 에너지 소비와 온실가스 배출을 최대한 줄인다.

<고효율 냉난방설비>

<전열 교환 환기 장치>

<고효율 LED 조명 및 조명 제어>

<회생 제동 장치>

<고효율 인버터>

▎그린리모델링

그린리모델링이란, 에너지 성능 향상 및 효율 개선 등을 통하여 기존 건축물을 녹색건축물로 전환하는 활동을 말한다. 그린리모델링에도 패시브·액티브 기술을 사용한다.

그린리모델링 전후 에너지 소요량		
	전	후
난방	604.9	179.0
급탕	57.5	43.6
조명	8.6	5.5
환기	0.0	0.0
계	671.0	228.1

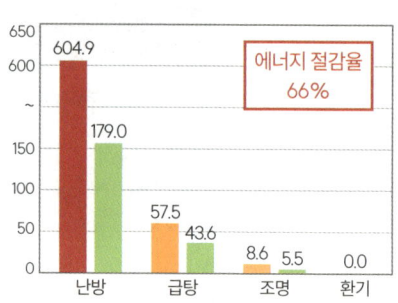

오래되거나 에너지 소비량이 많은 건물은 그린리모델링을 통해 건축물의 에너지 소비량과 온실가스 배출량을 줄임으로써 환경친화적인 건축물로 만들 수 있다. 그린리모델링의 경제성을 분석한 결과, 단열 보강과 강제환기장치 설치 등을 적용해 에너지를 22.2%까지 절감할 수 있다. 투자비 회수 기간은 2022년 기준으로 평균 약 14년이 소요되는 것으로 나타났다.

그린리모델링의 온실가스 감축 효과

평균 22.2%
에너지소요량 절감

5,296 tonCO_2eq
온실가스 감축

소나무 65만 그루
소나무 식재

553만 m^2
산림조성

2,180대/년
승용차 대체

20년 이상 된 건축물을 그린리모델링할 경우, 원자력발전소 3.5기를 줄일 수 있는 에너지 절감과 연간 250MW 화력발전소 약 14개의 발전량 효과를 얻을 수 있다. 30년간 160조 원의 에너지를 절감하고 새로운 산업을 활성화해 연 12만 6000명의 고용 창출 효과를 기대할 수 있다.

건축물에서 발생하는 온실가스를 줄이려면

"설명 잘 들었어?"

지연이 엄마가 채민이를 보며 물었다.

"네. 직접 보면서 설명을 들으니, 이해가 잘 돼요."

채민이가 대답을 하면서 의자에 앉았다. 건우 엄마가 냉장고에서 복숭아 몇 개를 꺼냈다.

"꽤 오래 걸렸네. 이거 무슨 냄새지?"

건우가 코를 킁킁거리며 슬며시 다가왔다. 제일 좋아하는 과일이 복숭아였기 때문이다. 건우는 자리에 앉자마자 포크를 들었다.

"숙제했니?"

채민이가 건우를 보며 물었다.

"숙제라기보다……."

건우가 얘기하다가 뒷말을 흐렸다. 건우는 이번 여름방학에 아빠와 여행을 갈 계획이었다. 여행 계획을 얘기하려니, 자랑하는 것 같아 조금 쑥스러웠다.

"여름방학에 건우 아빠랑 건우랑 둘이 한 달 동안 여행 가. 주말만 되면, 계획 짠다고 방에 들어가서 하루 종일 나오지도 않아."

건우 엄마가 복숭아를 접시에 담으며 얘기했다.

"한 달이나요! 어디로 가는데요?"

지연이가 고개를 돌리며 물었다.

"카자흐스탄이랑 키르기스스탄이라나? 나도 잘 몰라. 남자 둘이 간다고 비밀이 많거든."

건우 엄마가 미소를 지으며 조곤조곤 얘기했다.

"좋겠다."

채민이가 부러운 눈으로 건우를 바라보았다.

"자두 따러 갈래?"

건우가 지연이에게 말을 걸었다.

"진짜?"

지연이가 환하게 웃으며 고개를 끄덕였다. 채민이도 손뼉을 치며 좋아했다. 셋은 자리에서 일어나 마당으로 나갔다. 건우 아빠도 따라 나갔다. 자두를 따려면, 사다리가 필요했기 때문이다.

"자, 높은 곳에 있는 자두는 내가 따주마."

건우 아빠가 바구니를 어깨에 메고, 사다리로 올라갔다. 셋은 낮은 가지에 달린 자두를 땄다. 금세 두 바구니를 가득 채웠다.

"여기에 잠시 앉아 있거라."

제법 굵은 감나무 아래에 있는 의자에 앉았다.

"와! 여기 있으면, 캠핑하는 기분이 들겠는걸?"

지연이가 부러운 듯 주변을 둘러보며 얘기했다. 채민이는 의자에 앉아 건우 아빠가 준 인쇄물을 펼쳤다. 내용을 보면서, 자기 집에 적용할 수 있는 것을 찾아보았다.

건우 아빠가 자두를 씻어 가져 왔다.

"아저씨, 제로에너지건축물이 더 많아졌으면 좋겠어요. 그러면 가스 요금, 전기요금 걱정 안 하고 살아도 되잖아요."

"맞아. 전 세계 곳곳이 이상기후로 인해 피해를 보고 있잖아. 지구온난화를 막기 위해 온실가스 배출을 줄여야 해. 그런 의미에서 제로에너지건축물이 지금보다 더 많아져야 하지."

"이런 건 법으로 정해두면 좋을 텐데. 그러면 온실가스 배출이 확 줄어들잖아요."

지연이가 자두를 먹으며 밝은 목소리로 얘기했다.

"당연히 법이 있어. 모든 건물을 대상으로 하는 건 아니고 아파트 단지나 큰 건물을 새로 지을 때 제로에너지건축물로 지어야 해."

건우 아빠가 얘기하면서 스마트폰을 열었다. 그러고는 지연이가 물어본 내용에 대해 자료를 보여주었다.

구분	정책 내용
패시브 의무화	새로 짓는 건물은 패시브 수준으로 반영 기준 강화(2017년)
신재생 의무화	새로 짓거나, 확장하거나, 다시 짓는 1,000㎡ 공공건축물은 예상 에너지 사용량의 30%를 신재생에너지 설비로 공급(2020년)
LED 의무화	새로 짓는 공공건축물은 실내 조명설비를 LED로 설치 기존 건축물의 실내 조명설비도 LED 교체(2020년)
고효율 의무화	에너지 기자재 수요 발생 시 고효율 에너지 기자재 인증 제품 또는 에너지소비효율 1등급 제품 우선 구매

"큰 건물만 대상이네요."

채민이가 자료를 보면서 또롱또롱한 목소리로 얘기했다.

"이렇게 지으려면, 돈이 많이 들어가지 않아요?"

지연이가 입을 씰룩거리며 물었다.

"맞아. 돈이 더 들어가지. 하지만 혜택도 좀 있어."

우리나라는 더 많은 제로에너지 건축물을 짓기 위해 세금을 깎아주고, 제로에너지건축물 등급에 따라 보조금을 달리 지급하는 등 다양한 혜택을 준다.

"다행이네요."

지연이가 고개를 끄덕이며 대답했다. 건우 아빠가 제로에너지건축물의 등급에 대해서도 알려주었다. 에너지 자립도에 따라 건물 등급을 매겼다.

"얘들아, 우리 집은 몇 등급일까?"

건우가 싱글벙글 웃으며 툭 끼어들었다.

"당연히 1등급 아니야? 아무것도 모르는 내가 봐도 멋져!"

지연이가 대답하면서 건우 아빠에게 고개를 돌렸다. 건우 집도 1등급이었다.

건우 아빠는 건축 부문에서 온실가스를 왜 줄여야 하는지, 제로에너지건축물이 왜 필요한지에 대해 얘기했다.

우리나라뿐 아니라 다른 나라에서도 제로에너지건축물에 관한 법을 정해 시행 중이다. 탄소중립은 한 국가만 노력한다고 해서 해결되는 문제가 아니기 때문이다. 건축물에서 발생하는 온실가스 배출량도 꽤 많았다.

넷제로 인싸되기

전 세계 건축 부문 탄소 배출과 에너지 소비량

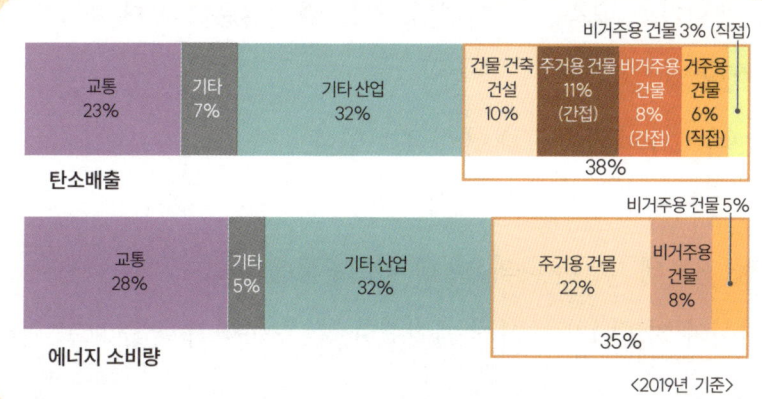

〈2019년 기준〉

국제에너지기구(IEA)와 유엔환경계획(UNEP) 발표에 따르면, 2019년 기준으로 전 세계 건설 산업에서의 온실가스 배출은 약 10기가톤(GT) 정도였다. 직·간접적 이산화탄소 배출량은 전체 배출량의 38%를 차지할 만큼 많았다. 건물 운영에서 28%, 건설 부문에서 약 10%의 이산화탄소를 배출했다. 건축 부문의 에너지 소비 비중은 35%였다.

▎제로에너지 건물 등급

ZEB 등급	에너지 자립률	비고
1등급	에너지 자립률 100%	기본 요건 건축물 에너지효율등급 1++ 이상 원격검침 전자식 계량기 의무 설치
2등급	에너지 자립률 80% 이상 ~ 100% 미만	
3등급	에너지 자립률 60% 이상 ~ 80% 미만	
4등급	에너지 자립률 40% 이상 ~ 60% 미만	
5등급	에너지 자립률 20% 이상 ~ 40% 미만	

"전 세계 온실가스 배출량의 38%가 건물에서 배출된다고요?"

채민이가 얘기를 듣다가 깜짝 놀라며 지연이를 쳐다보았다. 지연이도 믿지 못하겠다는 듯 혀를 내두르며 고개를 저었다.

"그래서 제로에너지건축물이 꼭 필요한 거군요."

"맞아. 38% 중에서 건물을 짓는 데 10%, 건물 유지를 위해 28%를 사용해. 온실가스 배출을 줄이려면, 건물에서 사용하는 에너지를 바꾸고 줄여야 해."

건우 아빠가 얘기를 끝내며 둘을 보았다.

"10%도 적지 않는데요?"

"건물 짓는데 10%나 나와요? 생각보다 많은데요."

채민이와 지연이가 동시에 얘기했다. 건우 아빠가 둘을 보고 미소를 지었다.

"그렇게 생각하니? 건물 짓는 게 생각보다 간단하지 않아."

"공사 현장 앞을 지나다가 엄청나게 큰 굴착기가 땅 파는 거 봤어요. 앞에는 덤프트럭 몇 대가 흙을 담아가려고 기다리고 있었어요."

"제대로 봤구나. 25톤 덤프트럭 기름통이 얼마나 큰지 아니? 한 번에 넣는 기름양이 400리터 정도 돼."

"400리터요! 그 정도 넣으면 얼마나 탈 수 있어요?"

"달리는 거리에 따라 다르겠지. 덤프트럭 기사에게 물어보니까 이틀에 한 번꼴로 넣는다고 하더구나."

넷제로 인싸되기

건물 건축 공사에서 발생하는 온실가스 공정

▮ 건물의 단계별 공사

건축물을 지을 때 기초공사부터 내장공사까지 많은 자재와 장비가 필요하다. 단계마다 필요한 자재와 건설장비를 사용할 때, 완공 후 건물을 사용하고 보수하는 데 온실가스가 발생한다. 2022년을 기준으로 건축물을 만들고 폐기하는 전 과정 탄소 배출량은 우리나라가 배출한 온실가스양의 30% 수준이다.

건축 재료 중 철강, 시멘트 등을 만들 때 발생하는 온실가스양이 꽤 많다. 2018년 기준으로 철강산업은 대한민국 온실가스 배출량 중 약 15%를 차지했다. 시멘트 역시 약 5.7%를 차지했다.

모듈러 건축

모듈러 공법으로 건물을 지으면, 건축 구조물의 부품화, 조립화를 통해 온실가스 배출을 획기적으로 줄일 수 있다. 비용도 10%가량 아낄 수 있고, 공사 기간도 20~50% 줄일 수 있다. 또한 건설 현장에서 발생하는 소음, 분진, 폐기물 등이 줄어들고, 건축물을 해체할 때 자재의 80% 이상 재활용할 수 있다.

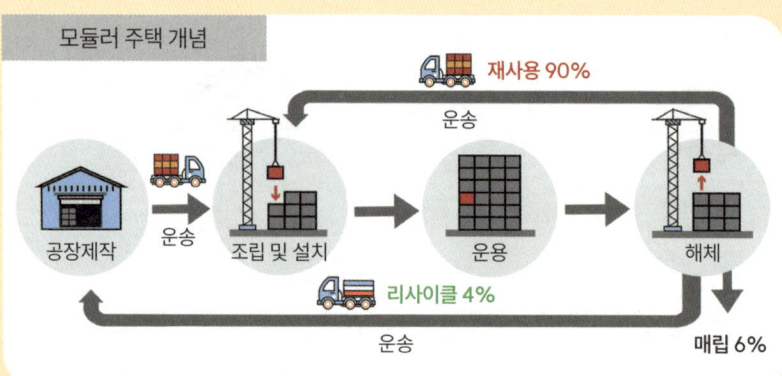

"그러면 하루에 200리터 사용하네요."

건우가 자두를 먹다가 깜짝 놀라며 자리에서 벌떡 일어났다.

"놀라긴. 지게차, 펌프차, 굴착기 등 건설장비 대부분 기름을 엄청나게 먹지. 건설장비뿐 아니라 건축 재료를 만들 때도 온실가스 배출이 엄청나게 많아."

"건물을 지을 때, 온실가스를 줄일 방법은 없나요?"

채민이가 얘기를 듣다가 자세를 고쳐잡으며 조심스럽게 물었다.

"당연히 있지. 너희들, 블록 놀이 해봤니?"

"네. 많이 했어요. 블록으로 집도 만들고, 성도 지었어요."

지연이가 얼른 대답했다.

건우 아빠가 모듈러 건축에 관해 설명해 주었다. 모듈러 건축은 기존 건축과 다른 방식으로 건물을 짓는다. 공장에서 창호, 외벽, 배선, 배관 등 전체 건물 구성의 구조물 약 70% 이상의 부품을 먼저 제작한다. 이 구조물을 옮겨 현장에서 조립하여 건물을 완성한다.

건우 엄마와 지연이 엄마가 씻은 자두를 가지고 나왔다.

"얘기 아직 덜 끝났어요?"

지연이 엄마가 고개를 돌리며 물었다.

"방금 다 끝났습니다."

건우 아빠가 대답하면서 의자에서 일어났다.

채민이와 지연이는 건우 아빠에게 공손히 인사하고 밖으로 나왔다. 세 사람은 길을 따라 천천히 걸었다. 아래로 쏟아지는 햇볕에 도로가 타는 듯 이글거렸다.

"이제 방법은 모두 알았으니, 아빠 설득하는 일만 남았네."

지연이가 장난치듯 채민이를 보여 말을 걸었다.

"맞아. 제로에너지건물은 그림의 떡이고, 그린리모델링이라도 했으면 좋겠어."

"제대로 준비해서 설득해. 어설프게 이야기했다가는 너희 아빠한테 오히려 설득당해."

"알아. 내가 우리 아빠랑 몇 년을 살았는데. 당연히 알지."
"화이팅! 아빠가 승낙하면 알려줘. 꼭!"

자동차에서 내뿜는
온실가스를 줄여라!

엉뚱한 곳으로 튀어버린 불똥

점심을 먹고, 채민이와 지연이는 교실로 향했다. 4학년 2반 교실 앞에서 건우를 만났다.

"성공했어?"

건우가 씩 웃으며 채민이에게 물었다. 건우 집에 갔다 온 지 벌써 10일이 지났다.

"아직. 말 못 했어."

채민이가 대답하면서 고개를 저었다.

"아직이라고!"

건우가 눈을 동그랗게 뜨며 물었다. 채민이는 어색하게 얼굴을 찌푸리며 핑계 아닌 핑계를 늘어놓았다.

지연이 엄마한테 들은 것과 건우 아빠에게 받은 자료가 꽤 많았다. 아빠를 설득하려면, 핵심만 간단하게 정리해서 설명해야 성공 가능성이 높았다. 며칠 동안 자료를 정리했다. 자료를 보면서, 엄마한테 먼저 설명했다.

"엄마는 뭐래?"
"엄마는 무슨 말인지 알겠다고 했는데, 설명이 너무 길대. 아빠한테 설명하려면 5분 이내로 하래."
"엄마한테 몇 분이나 얘기했는데?"
"15분."
"15분은 너무 길어. 꼭 필요한 것만 몇 개 골라 설명해봐. 그러면 성공할 거야. 남자들은 긴 얘기 듣는 거 싫어하잖아."
건우가 찔리는 게 있는지 말을 하면서도 중간중간에 계속 웃었다.
"참, 넌 여행 계획 다 짰어? 한 달 동안 여행한다며?"
지연이가 부러운 눈빛으로 건우를 바라보며 물었다.
"다 못했어. 지명이 낯설고 헷갈려."
"언제 출발하는데?"
"방학하면 바로 떠나."
"진짜? 일주일도 안 남았네. 좋겠다."
5교시를 알리는 예비 종이 울렸다.

"갈게. 피아노 학원에서 봐."

건우가 손을 흔들며 4학년 5반 교실로 뛰어갔다.

채민이는 밤마다 자료를 정리했다. 방학하는 날, 아빠에게 얘기하기로 마음먹었다. 건우 말처럼 꼭 필요한 것만 넣었다. 자료가 1/4로 줄었다. 스마트폰을 열어 타이머를 켰다. 정리한 자료를 들고, 천천히 읽었다. 4분 32초였다.

"오, 좋은데!"

채민이는 자료를 보면서 흐뭇한 미소를 지었다. 목이 말라 밖으로 나갔다. 아빠가 소파에 있었다. 물을 먹는 척하면서 컵을 들었다. 고개를 돌려 아빠를 보았다.

'뭘 보시는 거지?'

귀를 쫑긋 세우고 눈에 힘을 주었다. 고요한 숲에서 캠핑을 즐기는 장면이 나왔다.

'이번 휴가는 산으로 가나?'

이런 생각을 하자 갑자기 웃음이 났다. 작년, 아빠는 바다에서 낚시하는 프로그램을 자주 보았다. 작년 여름은 바다로 휴가를 떠났다. 순간, 뭔가 머릿속을 딱 스치고 지나갔다. 말로 하는 것보다 사진으로 보여주는 게 더 효과적이라는 생각이 들었다.

채민이는 방으로 들어가 지연이에게 문자를 보냈다.

깜찍이 지연
지금?

너희 집 가전제품에 붙어 있는 에너지 효율 등급 스티커 사진 좀 찍어서 보내 줘. 창문에 붙은 스티커도.

지금 해 줄 수 있어?

깜찍이 지연
해줄게.
잠시만 기다려

보일러 옆에 붙은 스티커가 빠졌네.
보일러 사진도 보내줘

깜찍이 지연
알았어

채민이는 지난번 찍어둔 지연이네 관리비 고지서를 찾았다. 우리 집과 지연이 집의 관리비 고지서를 보면서 전기요금, 가스요금을 월별로 비교하여 표를 만들었다.

"딩동."

스마트폰에서 소리가 났다.

채민이는 지연이가 보내준 사진을 바로 저장했다. 우리 집 사진은 내일 찍기로 마음먹었다. 사진을 넣고 정리하니 에너지 관리를 잘하는 집과 못하는 집의 차이가 확실히 드러났다. 게다가 전기요금, 가스요금의 차이도 한눈에 비교할 수 있었다.

토요일 오전, 모든 준비가 끝났다.

아빠가 배드민턴 가방을 메고 집으로 들어왔다. 엄마는 시간에 맞춰 점심을 준비했다.

"맛있는 냄새가 나네!"

아빠가 얘기하면서 코를 킁킁거렸다. 목소리도 경쾌했다.

"오늘 복날이라 백숙을 준비했어요."

"와! 맛있겠는데. 금방 씻고 올게요."

채민이는 점심을 먹고 아빠에게 얘기할 생각이었다. 방에서 정리한 자료를 다시 살폈다. 자기도 모르게 웃음이 났다. 지연이네 없는 선풍기가 우리 집에는 4대나 있었다.

"그래, 이게 핵심이야. 선풍기 트는 집이 에어컨 돌리는 집보다 전기 요금이 더 많이 나온다는 것을 강조해야 해."

고개를 끄덕이며 혼잣말을 했다. 이 말이 통하지 않으면, 건강한 지구를 지키기 위해 온실가스 배출량을 줄여야 한다고 얘기할 작정이었다. 이 말보다 더 센 것이 없다고 생각했다.

점심을 먹고, 엄마가 수박을 준비했다. 채민이는 수박을 먹다가 방에 가서 정리한 자료를 가져왔다.

"이게 뭐냐?"

아빠가 고개를 갸웃거리며 종이를 들었다.

"전기요금, 가스요금을 줄이기 위해서 가족회의를 했으면 좋겠어요.

이건 제가 준비한 회의자료고요."

"오, 좋은데. 한번 들어볼까?"

아빠가 싱글벙글 웃으며 채민이를 보았다. 채민이는 준비한 자료를 펼쳐놓고, 우리 집이 지연이네보다 왜 전기요금이 많이 나오는지 비교하면서 차분하게 설명했다. 아빠는 조금 놀란 듯 얼굴에서 웃음이 점점 사라졌다. 그러고는 지연이네와 비교한 자료를 몇 번이고 살폈다.

"지금까지 내가 잘못 알았네. 오래 쓰는 게 제일 좋은 건지 알았는데. 에너지 효율이 높은 전자제품 몇 개만 바꾸면, 우리 집 전기요금도 399kWh가 될 수 있다는 말 맞지?"

"네."

채민이의 목소리가 한껏 올라갔다.

"이거 다 바꾸려면 돈이 얼마나 들까?"

아빠는 입술을 깨물며 혼잣말하다가 거실로 고개를 돌렸다. 머릿속으로 계산을 빠르게 하는 것 같았다.

"아빠, 생각해 보세요. 오늘 복날인데, 지연이네는 에어컨 바람 아래에서 시원하게 닭 다리를 먹었을 거예요. 하지만 우리 집은 선풍기 바람 맞으며 뻘뻘 땀을 흘리면서 닭 다리를 잡았어요. 너무 비교되지 않나요?"

"음, 좋아. 일단 에어컨부터 1등급으로 바꿀게. 또 뭐가 있지?"

"뭐가 있긴요. 여기 다 있잖아요."

채민이는 미소를 지으며 정리한 종이를 가리켰다.

"이걸 다하자고?"

아빠는 깜짝 놀라며 채민이를 보았다. 놀라기는 엄마도 마찬가지였다. 겨우 하나 바꿔서는 전기 사용량을 획기적으로 줄일 수 없기 때문이었다.

"음, 우리 조금 더 합리적으로 생각해 보자. 네 말처럼 이걸 다 바꾸면 전기요금이 확 줄어들겠지. 아빠 생각에는 사용 시간이 긴 전자제품부터 먼저 바꾸면 좋겠어. 에어컨, 냉장고 이거 두 개만 바꾸면 되겠는데."

"아빠도 참. 조금 더 멀리 보세요."

"조금 더 멀리?"

"여름 지나면 금방 겨울이에요. 보일러도 바꿔요. 그리고 새는 열은 어떻게 할 거예요. 제 생각에는 창틀까지 바꿔야 여름에는 더 시원하고, 겨울에는 더 따뜻해져요. 그리고 또……."

"또 뭐?"

"공기청정기도 바꿔야 해요. 환기한다고 문 자주 여는 것도 별로 좋지 않아요."

"오! 제법인데. 너 가족회의 한다고 준비를 꽤 많이 했구나."

아빠가 신기하다는 듯 채민이를 보면서 고개를 갸웃거렸다. 채민이는 가족회의를 준비하면서 지연이 집과 건우 집에 가서 보고 느낀 점도 얘기했다. 마지막에 전기와 가스 사용량을 줄이면 온실가스 배출을 줄일 수 있다고 강조했다.

"맞아. 온실가스 배출을 줄이는 건 아주 중요하지."

아빠 얘기에 엄마와 채민이가 깜짝 놀랐다. 너무 쉽게 채민이 말에 동의했기 때문이다. 아빠는 전기요금과 가스요금을 줄이기 위해 에어컨, 냉장고, 김치냉장고, 공기청정기, 가스보일러, 창틀을 모두 1등급으로 바꾸겠다고 선언했다. 믿을 수 없었다. 몇 번을 다시 물었지만, 대답은 같았다.

"감사해요."

채민이는 신이 난 듯 목소리가 올라갔다. 한 번에 성공했다는 게 너무 기뻤다.

"감사는. 미래 건강한 지구를 위해 우리 모두가 온실가스 배출을 줄여야 하는 건 너무 당연한 거 아냐? 그런 의미에서 나도 하나 준비한 게 있어. 고민 많이 했는데 모인 김에 이것도 얘기해야겠네. 잠깐만."

아빠가 일어나 방으로 들어가더니 두툼한 종이 뭉치를 가져와 식탁에 올렸다. 자동차 카탈로그였다. 엄마가 얼굴을 찌푸리며 종이 뭉치를 노려보았다. 아빠차는 10년도 넘은 디젤차였다.

"자, 이것 좀 봐. 지금 내 차를 폐차하면 지원금을 350만 원이나 받을 수 있어. 폐차장에 차를 팔면 150만 원 정도 또 받을 수 있지. 여기서 또 하나?"

"또 있어요?"

채민이가 신기한 듯 눈을 말똥말똥 뜨며 아빠를 보았다.

"전기자동차, 수소연료전지차 같은 무공해 자동차를 사면 50만 원을 더 준대. 다 합치면 550만 원 정도 되지."

아빠는 신이 난 듯 얘기하면서 어깨를 덩실거렸다.

"결국, 차를 바꾸겠다는 말이네요."

엄마가 어이없다는 표정을 지으며 혀를 내둘렀다.

"차를 바꾸겠다는 것보다 미세먼지를 줄이고, 온실가스 배출을 위해 우리 가족이 노력한다는 뜻으로 생각해 줬으면 좋겠어. 더 늦으면 지원금을 못 받을 수도 있어."

아빠는 얘기하면서 제법 진지한 표정을 지었다.

"뭔데 더 늦으면 지원을 안 해준다는 거예요?"

채민이의 질문에 아빠는 노후 차량 운행 규제 제도에 대해 알려주었다.

"아빠 차는 몇 등급이에요?"

"3등급이야."

"그건 어떻게 알 수 있어요?"

"자동차 보닛을 열면, 엔진 있는 곳에 질소산화물과 탄화수소 발생량에 따라 배출가스 등급을 표시한 배출가스 표지판이 붙어 있어. 아니면 자동차 배출가스 누리집(https://www.mecar.or.kr/main.do)에 들어가서 차량번호를 입력하면 나오지."

"저한테는 매번 1등을 강조하시더니, 아빠 성적은 딱 중간이네요."

채민이가 씩 웃으며 장난치듯 얘기했다.

"그래서 이번에는 1등을 해볼까 생각하는데."

아빠도 지지 않겠다는 듯 목에 힘을 주며 말했다.

우리나라에서 시행하는 친환경자동차 제도에 관해 얘기했다.

넷제로 인싸되기

노후 차량 운행 규제

2023년 기준으로 대한민국 도심 대부분 지역에서 배출가스 5등급 차량은 운전할 수 없다. 향후 4등급 차량도 비슷한 규제가 시행될 것으로 예상한다. 자동차에서 배출하는 대기오염물질이 미세먼지를 발생시키고 온실가스까지 배출하기 때문이다. 특히, 디젤자동차에 대한 규제는 향후 더 엄격하게 시행될 예정이다.

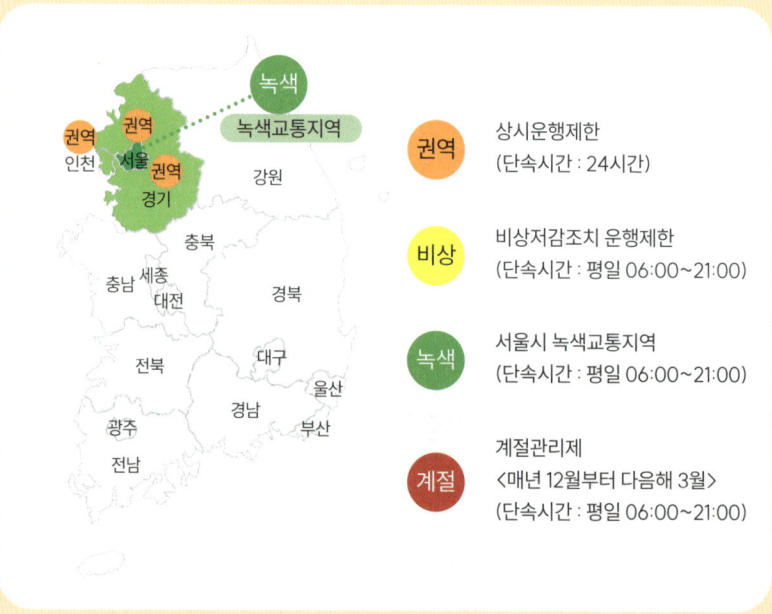

각 지역에서는 배출 등급이 좋지 않은 자동차를 대상으로 조기 폐차 지원금을 지급하고, 폐차 후 새 차를 살 때 여러 가지 혜택을 준다. 보조금, 지원 대상, 지원 기간,

지원조건 등은 지역마다 조금씩 차이가 있다. 이런 규제는 우리나라뿐 아니라 세계 여러 국가에서 시행 중이다.

┃친환경자 종류 및 범위

친환경자동차는 기존 내연기관 자동차보다 공해물질을 덜 발생시키고, 에너지 효율이 뛰어나다. 친환경자동차의 종류는 3가지가 있다.

무공해차 (ZEV : Zero Emission Vehicle)	저공해차 중에서 대기오염물질 배출이 없는 자동차 (대기환경보전법, 환경부)
환경친화적 자동차 (약칭 : 친환경차)	저공해차 기준에 적합하고, 에너지 소비 효율이 우수한 자동차 (친환경자동차법, 산업통상자원부)
저공해차 (LEV : Low Emission Vehicle)	대기오염물질의 배출이 없거나 적게 배출하는 자동차 (1종, 2종, 3종) (대기환경보전법, 환경부)

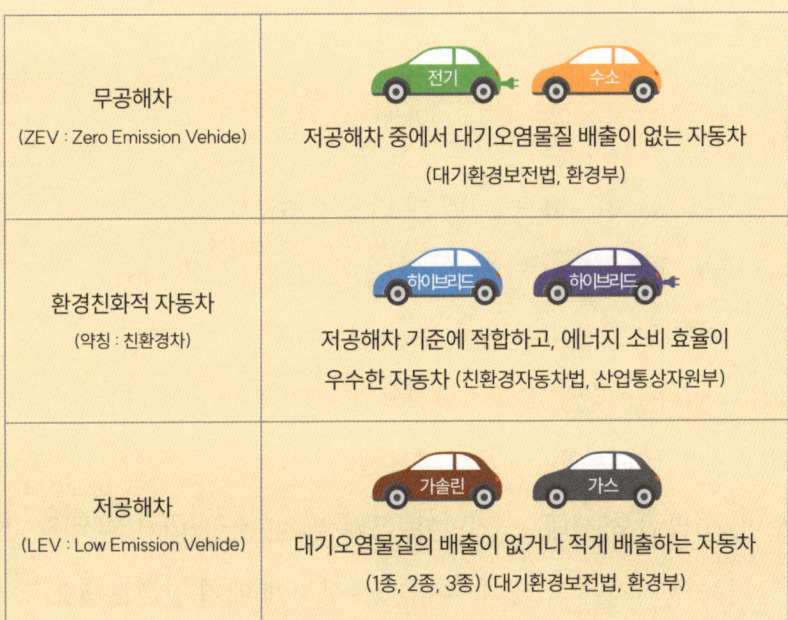

일정 기간 내 무공해차(전기차, 수소차)를 구매하면 보조금을 지급한다. 2024년 기준으로 최소 400만 원~7,500만 원까지 차등 지급하며, 매년 지급 기준과 금액이 달라진다.

무공해차를 구매하면 세금 감면 및 보조금도 받을 수 있다. 또한 친환경자동차는 혼잡통행료 할인, 고속도로 통행료 감면 등을 받을 수 있다. 2030년에는 전 세계 순수 전기자동차 비율이 30% 이상 될 것으로 전망한다. 우리나라도 2030년 무공해차 보급목표가 33%이며(전기차 24%, 수소전기차 9%), 다른 나라의 목표와 비슷한 수준이다.

"무공해차를 생각하시는 거예요?"

"아직 고민 중이야. 서로 장단점이 많아 꼼꼼히 살펴봐야 하거든. 전기차랑 수소연료전지차 중 어떤 게 더 좋을까?"

"네? 뭐가 뭔지 알아야 답을 하죠. 저 차에 대해 잘 몰라요."

"음, 내가 자료를 준비했는데. 또 보여줄까?"

아빠는 엄마 눈치를 보면서 차분하게 얘기했지만, 중간중간마다 목소리가 올라갔다가 내려가기를 반복했다.

"준비 참 많이 하셨네요. 채민아, 아빠 봤지. 오늘 네가 멍석을 깔아 줬네. 나는 설거지나 할 테니, 부녀가 오붓하게 얘기 잘해보세요."

엄마가 쟁반과 접시를 들고 일어났다. 더 들어봤자, 결과는 달라질 게 없었다. 보나마나 몇 달 동안 알아보고 철저하게 준비했을 게 틀림

없었다.

"잘됐네. 우리 둘이 오붓하게 팥빙수나 한 그릇하면서 얘기할까? 방학 첫날인데."

"좋아요. 바로 준비할게요."

채민이는 씩씩하게 얘기하며 자리에서 일어났다.

200년 전, 전기자동차가 있었다고?

아빠와 함께 아파트 상가에 있는 카페로 갔다.

"팥? 망고?"

"당연히 망고죠."

주문하고 자리에 앉았다. 아빠가 가방에서 두툼한 바인더를 꺼냈다. 채민이는 깜짝 놀라며 바인더를 뚫어지게 쳐다보았다. 생각보다 꽤 두꺼웠다.

"책 쓰세요?"

채민이가 장난치듯 말을 걸었다.

"책은 아니고. 시간 날 때마다 자료를 조금씩 모았지."

아빠가 바인더를 펼치며 자랑하듯 맨 앞장을 열었다.

"진짜 책인데요?"

"다른 선생님이 쓴 교재야. 어법과 맞춤법을 봐달라고 부탁했어. 내용이 좋아서 따로 한 부 인쇄해놓았지."

아빠 학교에서 탄소중립 교재를 만들었다. 과학 선생님이 담당인데, 교정을 봐달라고 아빠한테 부탁했다. 아빠는 교정을 보면서 탄소중립에 대해 조금 더 자세히 알게 되었다.

"이거 중학생이 보는 교재에요?"

"그래. 우리 학교 탄소중립 교재야."

"꽤 두껍네요."

"많은 선생님이 참여했어. 미술 선생님은 그림을 그렸고, 아빠가 교정을 봤어. 수학 선생은 취미가 사진이라 여기저기 카메라 들고 다니면서 고생 꽤 나 했지."

"와! 정말 힘들었겠어요."

"힘들었다기보다는 뭔가 뿌듯함이 느껴지더라고. 우리가 미래 환경을 더 건강하게 만들기 위해 뭔가 노력했다는 생각이 들었거든."

망고빙수가 나왔다. 큰 접시에 노란 망고가 산처럼 높이 솟아 있었다. 망고 조각이 미끄러지며 하얀 얼음을 천천히 밀어냈다. 채민이가 숟가락으로 아래쪽에서 위로 쓸어올리며 대패질하듯 담아 마지막에 망고 조각을 올렸다.

"너무 맛있어요."

"정말, 나도 따라 해볼까?"

아빠도 숟가락을 들었다. 채민이처럼 빙수를 숟가락으로 걸어 망고를 담았다. 아빠가 빙수를 먹으면서 바인더 쪽으로 눈을 돌렸다.

"채민아, 전기자동차가 언제 개발되었는지 아니?"

"최근 아닌가요?"

"땡."

아빠가 짧게 얘기하며 숟가락을 좌우로 흔들면서 전기자동차의 역사에 대해 슬쩍 얘기를 꺼냈다.

1834년, 스코틀랜드의 로버트 앤더슨(Robert Anderson)이 '원유전기마차(crude electric carriage)'를 발명했다. 원유전기마차는 시속 12km의 속력으로 달릴 수 있었다. 일회용 배터리를 사용했고, 전기를 생산하기 위해 원유를 사용했다.

"1834년이면, 조선시대네요?"

"그래, 맞다. 꽤 오래됐지?"

"그런데 저는 전기자동차를 왜 최근에 만들었다고 생각했을까요? 정말 신기한데요?"

"조금 더 들어봐. 다음 얘기를 해줄게."

넷제로 인싸되기

전기자동차의 변천

1835년, 토마스 데이븐포트(Thomas Davenport)가 소형 1인승 전기자동차를 개발하였다. 최초의 실용적 전기자동차였고, 전기 모터와 배터리가 달렸다.

1881년, 프랑스의 개인 제작자인 귀스타브 트루베(Gustave Trouve)가 전기 모터를 탑재한 세발자전거 형태의 전기자동차를 제작했다. 전기 배터리로 구동되며 속력은 약 12km/h 정도였다. 1884년에는 토마스 파커(Thomas Parker)가 전기 모터를 탑재한 최초의 4륜 전기차를 제작했다.

<귀스타브 트루베의 전기자동차>

<토마스 파커의 전기자동차>

최초의 내연기관은 1864년, 독일 니콜라우스 오토(Nikolaus August Otto)가 발명하였다. 곧이어 1886년, 카를 프리드리히 벤츠(Karl Friedrich Benz)가 세계 최초의 내연기관 자동차를 만들었다.

당시, 내연기관 자동차보다 전기차와 증기자동차가 더 팔렸다. 특히, 전기차는 조용하고, 관리가 편했기 때문에 인기가 많았다.

〈르 자메 콩탕트전기차〉　　　　　〈충전 스테이션〉

1899년, 프랑스에서는 100km/h로 달릴 수 있는 전기자동차 '르 자메 콩탕트(La Jamais Contente)'까지 나왔다. 1900년, 미국의 자동차 분포를 살펴보면, 전기자동차가 38%, 휘발유 자동차는 22%밖에 되지 않았다. 오히려 증기기관 자동차가 40%로 훨씬 더 많았다.

1920년대 미국 서부 텍사스산 중질유(West Texas Intermediate, WTI)가 본격적으로 생산되면서 휘발유 가격이 엄청나게 내려갔다. 이때부터 자동차의 대량 생산이 시작되었다. 헨리 포드(Henry Ford)가 대량 생산한 내연기관 자동차는 빠른 속도로 전기자동차를 시장에서 밀어냈다.

〈포드의 모델 T〉　　　　　〈헨리 포드〉

"아빠, 전기자동차를 200년 전에 만들었다니 정말 놀라워요."

"지금 우리가 사용하는 내연기관 자동차보다 더 빨랐지. 이때부터 전기자동차와 내연기관차가 서로 경쟁하기 시작했단다."

"경쟁요! 어떤 차가 더 많이 팔렸는데요?"

"전기차와 증기자동차가 많이 팔렸지."

20세기 초반, 대량의 유전이 개발되면서 석유 가격이 내려갔다. 기술의 발전으로 내연기관의 성능이 좋아졌다. 연료 넣는 시간도 훨씬 짧고, 어디서나 연료를 넣을 수 있었고, 연료를 한 번 넣고 달릴 수 있는 거리도 훨씬 길었다.

채민이가 아빠 설명을 모두 듣고 난 뒤, 잠시 생각했다. 그러고는 바인더를 한두 장 넘기면서 혼잣말하듯 얘기했다.

"아빠, 아빠 차도 내연기관 자동차에요? 자동차 앞에 내연기관이라는 단어를 자꾸 붙여서 말씀하셨어요."

"응. 맞아."

"그러면 그냥 자동차라고 하면 되잖아요. 내연기관이라는 단어를 붙여 말할 필요가 있나요? 내연기관이 무슨 뜻이에요?"

아빠가 씩 웃으며 몇 장을 넘겼다. 외연기관과 내연기관에 관한 설명이 있었다.

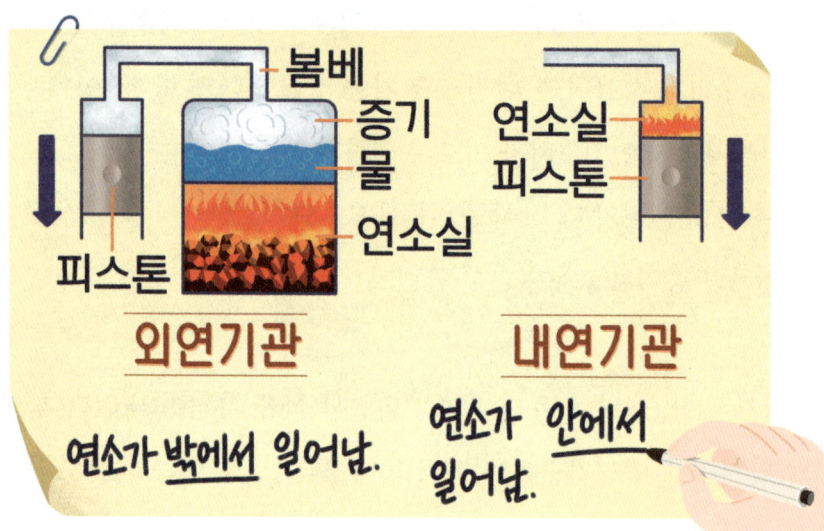

"내연기관, 외연기관 모두 한자야. 내연(內燃)은 안에서 탄다는 뜻이고, 외연(外燃)은 바깥에서 탄다는 뜻이지. 연료를 어디서 태우는가에 따라 내연기관과 외연기관으로 구분해."

아빠는 얘기하면서 그림을 보여주었다.

외연기관은 연료를 외부에서 태워 발생한 열로 증기를 만들어 기계적인 일로 바꾼다. 반대로 내연기관은 연료를 내부에서 태워 발생한 열에너지를 기계적인 일로 바꾼다.

"증기기관차 봤니?"

"네, 석탄 싣고 다니면서 삽으로 아궁이에 넣는 거 봤어요."

"맞아. 석탄을 밖에서 태우면 물이 끓어 수증기가 발생하잖아. 연료를 밖에서 태워 물을 끓여 수증기의 힘으로 기차가 움직이는 게 외연기관이야. 하지만 요즘 자동차는 어떻게 움직일까? 연료가 엔진 속에서 폭발하는 힘으로 움직여. 이제 알겠니?"

"네, 알겠어요."

채민이가 외연기관과 내연기관 그림을 보면서 고개를 끄덕였다.

"외연기관은 너무 불편하니까 사라진 거군요."

"그렇지. 물과 연료를 계속 넣어줘야 하니까. 그래서 증기기관이 사라진 거야. 요즘은 석유를 연료로 쓰는 내연기관으로 대부분 바꿨어."

"안타깝네요. 전기자동차가 계속 있었다면, 지금처럼 내연기관 자동차가 많지 않았을 텐데."

"나도 그렇게 생각해. 자동차가 배출하는 온실가스 배출량이 꽤 많거든."

"도대체 내연기관 자동차가 온실가스를 얼마나 배출해요?"

"일단, 수송 부문에서 발생하는 온실가스 배출량을 먼저 보자. 그 안에 내연기관 자동차가 종류별로 다 나와 있거든. 여기 그래프를 자세히 보거라."

아빠가 전 세계 수송 부문 탄소 배출 전망 그래프를 손으로 가리켰다. 2050년까지 교통수단별 온실가스 배출량을 전망한 그래프였다.

넷제로 인싸되기

수송 부문의 온실가스 배출과 탄소중립

2020년 전 세계 수송 부문의 탄소 배출량은 약 7기가톤(GT, 10억 t을 나타내는 단위)였다. 코로나19 발생 이전인 2019년의 탄소 배출량 8.5기가톤보다 약 1.5기가톤 감소하였다. 국제에너지기구(IEA)의 2050 넷제로 시나리오에서 탄소중립 배출량(안)을 보면, 2030년 약 5.5기가톤을 배출하고, 2050년에는 약 0.7기가톤을 배출하여 현재보다 약 90% 감축하여 수송 부문도 탄소중립에 도달하는 것을 목표로 세웠다.

▌전 세계 수송 부문 탄소 배출량 전망

교통수단별로 온실가스 배출량을 살펴보면, 2020년 기준으로 도로 수송(경량 차량 및 대형 트럭)이 배출량 대부분을 차지했고, 항공, 해운, 철도 순서로 많았다. 여객 수송을 담당하는 경량 차량은 전기화가 빠르게 이루어져 2030년 중반쯤에는 대형

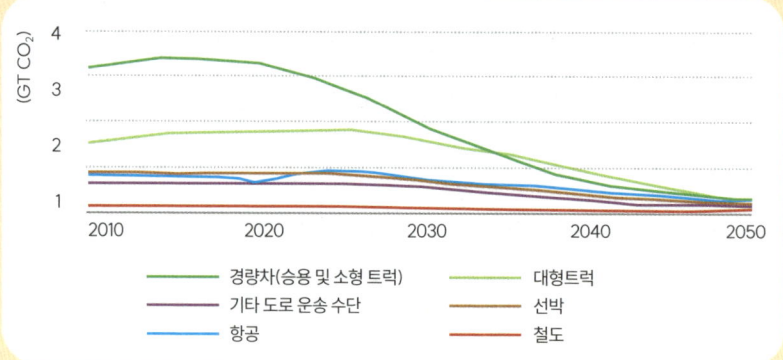

트럭보다 배출량이 줄어들겠지만, 대형 트럭, 해운 및 항공은 전기화 전환에 제약이 있어 2050년에도 약 0.5기가톤의 탄소를 배출할 것으로 예상했다.

2050년 전 세계 승객 이동은 현재보다 2배로 증가할 뿐만 아니라 화물 물동량은 약 2.5배, 승용차의 대수는 2020년 약 12억대에서 2050년 약 20억대로 증가할 것으로 전망했다. 하지만 수송 부문의 전동화, 탈탄소화로 인해 2050년의 탄소 배출량은 상당량 감소할 것으로 국제에너지기구(IEA)는 전망하였다.

▎전 세계 연료별 소비량과 교통수단별 연료소비량 전망

수송 부문의 연료별 소비량을 보면, 현재는 화석연료 비중이 90%로 높지만, 2030년 75%로 줄어들고 2050년은 11%로 대폭 감소할 전망이다. 이에 반해 전력 사용은 차츰 증가하여 2040년쯤에 수송 부문의 핵심 연료로 자리잡을 것이다. 2050년 최종에너지소비는 전력 45%, 수소 28%, 바이오연료 16%, 화석연료 11%로 구성되며, 바이오연료는 항공 및 해운과 같은 수소화 및 전기화가 어려운 수송 수단에서 주로 사용될 것으로 전망했다.

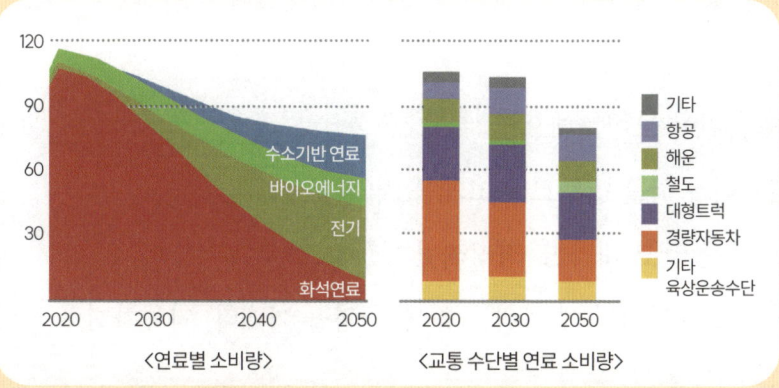

〈연료별 소비량〉　〈교통 수단별 연료 소비량〉

"자동차에서 배출하는 양이 정말 많네요. 철도가 제일 적어요."

"맞아. 그래서 내연기관 자동차를 무공해차로 빨리 바꿔야 온실가스 배출을 줄일 수 있어. 2050년을 보면, 자동차에서 많이 줄었잖아. 내연기관이 사라지고 무공해차로 바꿨을 때 이렇게 된다는 뜻이지."

"아빠도 빨리 차를 바꿔야겠어요. 온실가스 배출을 안 하는 자동차로 말이에요."

"너도 그렇게 생각해?"

아빠가 흐뭇하게 미소를 지으며 고개를 끄덕였다.

"당연하죠. 온실가스 배출 때문에 지구가 더워지고 세계 곳곳에서 이상기후 때문에 많은 사람이 고통받고 있잖아요. 그런데 어떤 차로 사실 거예요?"

"잠시만."

아빠는 기다렸다는 듯 가방에서 두툼한 봉투를 하나 꺼냈다. 반짝반짝 빛나는 자동차 카탈로그였다. 채민이는 빙수를 먹으며 하나하나 살펴봤다. 크기와 모양만 달랐지, 모두 비슷했다. 아무리 살펴봐도 뭐가 뭔지 알 수 없었다.

"다 똑같아 보이는데요?"

채민이가 혀를 내두르며 고개를 저었다.

"그럴 줄 알고 내가 또 정리해놨지."

아빠가 바인더 속에 끼워둔 종이 한 장을 꺼냈다. 자동차별로 정리한 자료였다. 전기자동차, 수소연료전지차, 하이브리드자동차 순서였다.

"이렇게 봐도 잘 모르겠어요. 하나씩 설명해주세요."

"채민아, 내게 좋은 생각이 있어."

"뭔데요?"

"자동차 판매장에 가서 직접 보고, 설명을 듣는 건 어때? 이런 자료 백 번 보는 것보다 직접 둘러보고 타보는게 더 좋을 것 같은데."

"좋아요."

채민이는 신이 난 듯 경쾌한 목소리로 대답했다. 아빠가 스마트폰을 들어 전화를 걸었다. 후배가 근무하는 자동차 판매장이었다.

"오늘 근무한다고 빨리 오라네. 시승용 차도 한 대 예약해놓는대."

전기로 움직이는 자동차

차에 올라탔다. 아빠가 시동을 걸자 덜덜거리며 괴성을 울렸다.

"부릉 부릉 부릉."

오래된 디젤 자동차라 소리가 더 요란했다. 채민이보다 나이가 더 많은 차였다. 자동차 뒤에서 검은 연기가 모락모락 올라왔다. 에어컨을 켜자 소리가 더 커졌다. 20분을 달려 자동차 대리점에 도착했다. 아빠와 함께 전시장 안으로 들어갔다.

"선배님, 어서 오세요."

말쑥한 차림의 젊은 남자가 인사하면서 다가왔다. 고등학교 후배였다. 채민이가 허리를 숙이며 공손히 인사했다.

"전기자동차 보면서 설명도 좀 들을 수 있을까?"

"그럼요. 우리 전시장에서 제일 좋은 차로 준비해놨습니다. 이쪽으로 가시죠."

후배가 하얀 자동차를 가리켰다. 자동차가 조명을 받아 반짝반짝 빛났다. 자동차 위에 올려둔 작은 팻말에 가격이 적혀있었다. 채민이는 가격을 보고 깜짝 놀랐다. 생각보다 비쌌기 때문이다.

후배가 벽에 붙은 대형 모니터를 켰다.

"전기자동차의 구조와 원리를 먼저 설명해드릴게요. 아직은 전기자동차가 많이 팔리지 않아, 모르는 사람이 많아요."

2022년 3월, 대한민국 자동차 대수가 2,500만 대를 돌파했다. 인구 2명당 1명꼴로 자동차가 있는 셈이다. 2022년 기준으로 대한민국 도로를 달리는 자동차 25대 중 24대가 온실가스를 내뿜었다. 화석연료인 경유, 휘발유, LPG 등을 사용하기 때문이다. 친환경자동차 비율은 아직 4% 정도밖에 되지 않는다.

"우리 집에도 한 대 있어요."
채민이가 장난치듯 얘기하면서 아빠를 쳐다보았다.
"그래서 여기 왔잖니."
아빠가 미안한 듯 얘기를 하면서 얼굴이 붉어졌다.
"자, 이쪽을 먼저 보세요."

화면에 전기자동차 구조 그림이 있었다. 생각보다 간단했다.

"이 뼈대가 바로 이 차에요?"

채민이는 신기한지 화면을 보면서 자동차 쪽으로 고개를 번갈아 돌렸다.

"네. 이 뼈대 위에 핸들, 의자, 편의장치 등을 넣고 껍데기만 올리면 완성할 수 있어요."

"와! 엄청나게 간단하네요."

"이렇게 구조가 간단한데, 왜 이렇게 비싸요?"

"좋은 질문이에요. 전지에 희귀금속이 많이 들어가기 때문에 비싼 거죠."

후배가 화면에서 배터리를 가리켰다.

"그러면 이 자동차에는 2차전지가 들어있겠네요."

채민이가 얘기를 하면서 자동차 쪽으로 고개를 돌렸다.

"2차전지 중에서도 삼원계 배터리가 들어가 충전 속도가 빠르고, 겨울철에도 끄떡없이 탈 수 있어요."

"겨울철에는 무슨 문제가 있어요?"

"아, 리튬인산철 배터리는 추운 날 배터리 성능이 많이 떨어집니다. 배터리가 방전되어 다시 충전해야 할 수도 있고, 여름철보다 더 자주 충전해야 해야 하는 단점이 있어요."

후배가 차분한 목소리로 채민이를 바라보며 얘기했다.

넷제로 인싸되기

전기자동차

전기차(Electric Vehicle, EV)는 배터리에 저장한 전기를 사용해 모터를 돌려 움직인다. 내연기관 자동차와 달리 엔진 없이 배터리와 모터만으로 움직일 수 있으며, 온실가스를 전혀 배출하지 않는다. 또 감속과 가속이 자주 일어나는 도심 주행에서 효율이 높고 고속에서도 가속력이 뛰어나고 소음이 거의 없다. 전기자동차는 엔진이 없기 때문에 배터리의 성능이 중요하다. 전기차에 들어가는 배터리는 많은 셀이 모인 배터리 모듈과 이 모듈이 모인 배터리 팩으로 되어 있고 배터리 효율에 따라 수명이 달라진다.

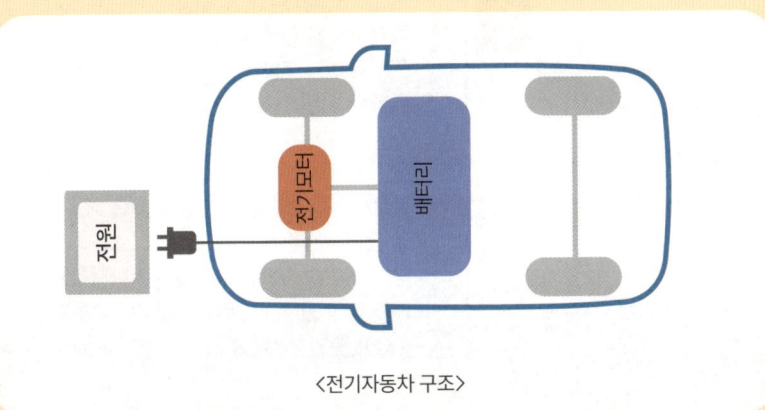

〈전기자동차 구조〉

■ 배터리 종류

배터리에는 1차전지, 2차전지, 3차전지가 있다.

	1차전지 : 전기 화학반응에 의해 전류가 생기는 전지이다. 다시 충전할 수 없으므로 한 번 쓰고 버리는 건전지이다. 시계, 리모컨 등 작은 전자제품에 많이 사용한다.
	2차전지 : 외부의 전기에너지를 화학에너지로 변환하여 저장했다가 필요할 때 전기를 만들어 쓸 수 있고 충전과 방전이 자유롭다. 500~2000번까지 재충전이 가능해 경제적이면서 친환경적이다. 노트북, 스마트폰 등에 많이 사용한다. 최근에는 전기자동차, 에너지 저장 장치(ESS) 등에도 2차전지를 사용한다. 2차전지는 NCM 삼원계 배터리와 LFP(리튬인산철)로 나눈다.
	NCM 삼원계 배터리: 니켈, 코발트, 망간 등이 들어간다. 니켈, 코발트, 망간 첫 글자를 따와 NCM 삼원계 배터리라 부른다. 최대 90%까지 충전된다. 무게가 가볍지만, 폭발 위험성이 있다.
	LFP(리튬인산철) : 리튬인산철(Li-FePO4)을 사용하며, 니켈, 코발트 등 고가의 희소금속을 들어가지 않아 NCM배터리보다 가격이 약 20~30% 저렴하다. 폭발 위험성이 낮다는 장점이 있다. NCM배터리보다 무겁지만, 100% 충전할 수 있다.
	3차전지 : 연료를 공급하면 전기를 만들어 내는 직접 발전이 가능한 전지이다. 수소와 산소를 반응시키면 열, 전기, 물이 발생하기 때문이다. 대표적으로 수소연료전지차에 사용하는 수소연료전지가 있다.

배터리 설명이 끝나고 모터를 가리켰다. 모터에 대한 설명은 1분도 걸리지 않았다. 배터리에서 전기를 받아 모터가 돌아가면 자동차가 달릴 수 있다는 말이 전부였다.

"구조가 정말 간단하네요. 그런데 아무리 생각해도 배터리 가격이 너무 비싼 것 같아요."

"그러면 예를 하나 들어줄게요. 이 차의 배터리 용량이 얼마죠?"

"75kWh라고 되어 있는데요."

"오! 똑똑한데. 이거 단위 모르는 사람이 많은데."

"지난주까지 전기에 대해 공부 좀 했어요."

"잠깐만요. 75kWh라면, 우리 집에서 5일 정도 쓰는 전기량인데요. 와! 정말 엄청난데요."

"맞아요. 예를 하나 들어줄게요."

후배가 모니터 리모컨 뒷면 뚜껑을 열어 배터리를 꺼냈다. 손가락 두 마디 크기의 AA 배터리 2개가 나왔다.

"자, 이걸로 이 자동차와 같은 용량의 배터리를 만들려면 몇 개나 필요할까요?"

"글쎄요. 잘 모르겠는데요."

"대충 계산해 보니, 26,000개 정도 (AA 건전지 용량 : 1.5V, 2.4Ah 기준)가 필요하네요. 일반 배터리 하나에 천 원이라면, 얼마죠?"

"2,600만 원이요."

"충전이 안 되는 일반 배터리로 계산해도 이 정도인데, 희귀금속이 들어간 2차 배터리는 당연히 더 비싸겠죠."

"와! 이제 이해가 되네요."

"이제 배터리 충전 체험해보러 가죠. 10분 거리에요."

세 사람은 밖으로 나가, 시승용 차에 올라탔다. 버튼을 누르자, 딩동 소리가 나면서 계기판에 불이 들어왔다. 작은 모니터에 배터리 5%, 주행 가능 거리 31km라고 표시되었다.

"지금 시동 걸린 거예요?"

채민이가 계기판을 보면서 물었다.

"맞아. 시동이 걸렸어."

"와! 정말 조용해요. 아빠 차랑 완전히 달라요."

"다시 내려서 차 옆에 가봐요. 무슨 소리가 나는지."

후배 얘기에 채민이는 차에서 내렸다. 그러고는 옆으로 가서 귀를 쫑긋 세웠다. '잉' 거리는 소리가 났다. 별로 크지 않지만, 차에서 조용한 소리가 났다.

"들려?"

아빠가 창문을 내리고 물었다.

"네. 계속 잉 거려요."

"보행자를 생각해서 기계음을 스피커로 내보냅니다."

　내연기관 자동차는 달릴 때 엔진 소리가 난다. 지나가는 사람은 소리를 듣고 차가 오는지 알 수 있어 피할 수 있다. 하지만 전기자동차는 소리가 거의 나지 않기 때문에 보행자를 위해 강제로 기계음을 스피커로 내보낸다.

"어서 타!"

　아빠가 신이 난 듯 손짓하면서 채민이를 불렀다. 후배가 핸들을 잡고 차를 몰았다. 차 안에는 바람 소리밖에 들리지 않았다. 10분 정도 달렸을 때, 멋진 삼각형 건물이 나왔다. 넓은 공터에 전기자동차 몇 대가 충전 중이었다. 빈 곳에 주차하고, 모두 내렸다.

"여기는 우리 회사에서 직접 운영하는 충전소입니다. 초고속 충전기가 20대나 있습니다."

후배가 차에서 내리며 손으로 충전기 쪽을 가리켰다. 충전기 앞으로 가 전기차 충전전용카드를 넣고 버튼을 누르면서 사용 방법을 알려주었다.

"충전구를 열고, 충전기를 여기 꽂아보세요."

"제가 해봐도 돼요?"

채민이가 호기심 어린 눈빛으로 후배를 바라보았다. 후배가 아빠 쪽으로 고개를 돌렸다. 아빠가 고개를 끄덕이자, 충전기를 잡아 채민이에게 건넸다.

"자! 이렇게 잡고 구멍에 딱 넣어봐."

"이렇게요?"

"맞아. 잘하네."

충전기에서 "충전을 시작합니다."라는 음성이 흘러나왔다. 80% 충전하는데 20분 정도 걸렸다. 게다가 충전이 끝나면 500km 정도 탈 수 있다고 했다.

"20분이나 걸려요?"

"이건 정말 빠른 겁니다. 집에서 충전하면 4~5시간은 더 걸리죠."

후배는 채민이의 실망한 얼굴을 보며 당황한 듯 설명하면서 말이 더 빨라졌다.

"네! 4~5시간요?"

채민이는 깜짝 놀라며 믿지 못하겠다는 듯 고개를 세차게 흔들었다.

충전 비교	급속충전기	완속충전기
충전 시간	완전 방전 상태에서 80% 충전까지 약 30분 소요	완전 방전 상태에서 완전충전까지 4~5시간 소요
설치 장소	고속도로 휴게소, 공공기관 등에 설치	주택, 아파트 단지 등에 설치
전력 공급	고용량 전력을 공급하기 위해 주로 100kW급 설치	약 6~7kW급의 충전기 설치
사용 요금	100km당 2,700원 정도	100km당 1,100원 정도

(2024년 3월 기준)

아빠도 조금 실망한 눈빛이었지만, 후배 앞이라 내색하지 않고 차분한 표정을 지으며 고개를 끄덕였다.

그늘이 있지만, 날씨가 무척 더웠다. 후배가 고객 쉼터로 데려갔다. 자판기에서 음료수를 뽑아왔다.

"지금 신청해도 보조금 받을 수 있지?"

아빠가 창밖을 보다가 고개를 돌리며 물었다.

"아직 충분합니다. 방금 보신 차량으로 계약하면 우리 지역은 국고 보조금 680만 원, 지자체 보조금 500만 원, 총 1,180만 원을 받을 수 있습니다."

우리나라는 전기자동차의 보급을 늘리기 위해 2017년부터 보조금을 지원했다. 2024년 기준으로 국고보조금은 차종에 따라 최대 200~670만 원, 자자체 보조금은 최대 1,140만 원이었다.

"꽤 많네요. 아빠, 도대체 얼마를 받는 거예요. 아빠 차 폐차하면 550만 원 받잖아요."

"노후 차 폐차 지원금 알아보셨군요. 그렇다면 더 서두르셔야겠어요. 찬 바람 불기 시작하면 보조금을 받고 싶어도 받을 수 없어요."

"왜요?"

채민이가 음료수를 홀짝홀짝 마시면서 고개를 들었다.

"일 년 내내 주는 게 아니라, 예산이 떨어지면 보조금 지급을 끝냅니다. 일 년 목표를 달성했거든요."

"조금 아쉽네요. 온실가스 배출을 줄이려면 일 년 내 내 하는 게 더 좋을 텐데요."

채민이가 씁쓸한 표정을 지으며 얘기했다.

"충전이 다 됐습니다. 생각보다 빠르죠?"

모니터에 충전이 끝났다는 안내 문구가 반짝거렸다.

셋은 고객 쉼터를 나와 차로 걸어갔다.

"선배님, 우리 사무실까지 한번 몰아보실래요? 전기자동차는 일반 자동차와 조금 달라요. 한 번 사면 10년은 타야 하는데, 몇 번은 몰아

봐야 이 차가 맞는지 안 맞는지 알 거 아니에요. 시승용 차라서 보험은 가입되어 있습니다. 안심하고 타셔도 됩니다."

"아빠, 해봐요."

"그럼, 전기자동차를 한번 몰아볼까?"

아빠가 의자에 앉아 핸들을 잡았다.

"잠깐만요."

후배가 옆에서 회생 제동 장치 사용 방법을 알려주었다.

전기자동차는 일반자동차와 달리 멈출 때 발전기를 돌려 전기를 생산하는 회생 제동 장치가 있었다. 회생 제동 장치가 작동하면, 브레이크를 잡지 않아도 자동차가 천천히 멈추었다.

아빠가 운전석에 올라타고 시동 버튼을 눌렀다. 딩동댕 소리가 나면서 검은 화면이 밝아졌다. 배터리 80%, 주행가능거리 530km였다. 5분 정도를 천천히 달렸는데 주행거리가 533km로 늘어났다.

"신기해요. 주행거리가 늘어났어요."

"회생 제동 장치가 돌아가면서 배터리에 전기가 충전된 거예요. 또 이 차는 에너지 효율이 1등급이라, 전기 사용량이 아주 적어요."

후배가 싱글벙글 웃으며 얘기를 하다가 전기차 1등급과 5등급의 차이를 알려주었다.

"1등급과 5등급의 차이가 정말 크네요. 1년 동안 같은 거리를 달린 전기자동차 1등급과 5등급의 전기소비량이 3,440kWh 차이가 나요. 이 정도 양이면 가정집에서 1년 쓰는 전기소비량이 그냥 사라진다는 뜻이잖아요."

"그래서 차를 고를 때, 이것저것 꼼꼼하게 따져가며 골라야 합니다."

후배 목소리가 경쾌했다.

처음에 몇 번 자동차가 울렁거렸지만, 적응했는지 아주 부드럽게 달렸다.

"아빠, 이 차 너무 좋아요. 전기만 충전해도 자동차가 움직인다는 게 정말 신기해요. 꼭 미래에서 온 차 같아요."

채민이는 뒷좌석에 앉아 눈을 크게 뜨고 앞으로 고개를 내밀었다.

"그렇게 신기해?"

아빠가 싱글벙글 웃으며 장난치듯 얘기했다.

"몇 년 뒤에는 전기자동차가 선택이 아닌 필수가 됩니다. 세계 많은 국가에서 내연기관 자동차 판매 금지를 선언했거든요."

"정말요!"

후배가 스마트폰을 열어 자료를 찾았다. 내연기관 차량 판매 금지 시점에 대해 보여주었다.

"어! 우리나라가 빠졌네요."

넷제로 인싸되기

전기자동차 에너지효율 등급제

2024년 4월부터 전기자동차도 에너지 효율 등급제가 시행되었다. 1등급 차량은 1kWh당 5.8km 이상을 달릴 수 있다. 1년에 2만 km를 탈 때, 5등급 전기차는 1등급 전기차보다 전력량을 약 3,440kWh 더 사용하고, 전기요금 약 126만 원을 더 내야 한다.

1등급 전기차	5등급 전기차	하이브리드	내연기관차
1년 연료비 126만원	1년 연료비 251만원	1년 연료비 1,563천원	1년 연료비 2,026천원

평균 주행거리 20,000Km, 충전요금 364.5원/kWh, 휘발유 1,642.98원/L 기준

▌내연기관 차량 판매 금지 시점

국가	내연기관 차량 판매 금지 시점 (2024년 3월 기준)
노르웨이 / 네덜란드	2025년
독일	2030년 시행 예정
프랑스	2040년
영국	2035년 (하이브리드 차량 포함)
미국 캘리포니아주	2035년
일본 / 중국	2035년

"맞습니다. 2023년까지 결정 못했지만, 우리나라도 조만간 발표하지 않겠어요? 전 세계가 탄소중립을 이루려면 어느 한 나라도 빠지면 안 되거든요."

"맞아요."

채민이가 스마트폰 화면을 뚫어지게 보면서 뾰루퉁하게 대답했다. 우리나라가 빠졌다는데 조금 화가 났다. 얘기하다 보니, 자동차 전시장 앞이었다.

"다 왔다. 이제 내리자."

아빠가 얘기하면서 원래 있던 자리에 차를 갖다 댔다.

"선배님, 안으로 들어가 시원한 음료수 한잔하고 가시겠습니까?"

후배가 공손히 얘기하며 아빠를 쳐다보았다.

"아니야. 오늘 자네 시간을 너무 많이 뺏었어. 고맙네."

아빠 얘기와 동시에 채민이도 옆에서 공손히 인사했다. 그러고는 다시 주차장으로 가서 아빠 차에 올라탔다.

달리는 공기청정기, 수소연료전지차

저녁을 먹기 전, 건우한테 연락이 왔다. 카자흐스탄의 알마티 공항에 내려 호텔에 도착했다는 소식이었다. 알마티 공항에서 찍은 사진도 보냈다.

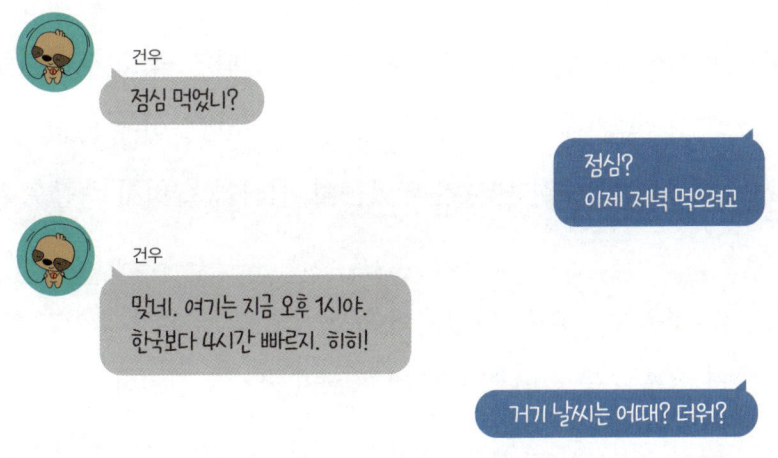

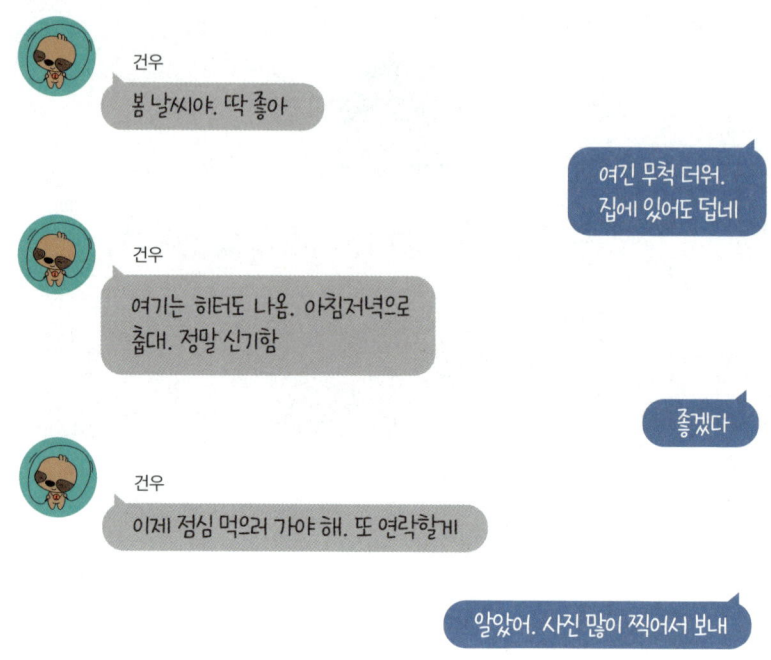

"채민아, 저녁 준비 도와줄래!"

엄마 목소리였다.

"네, 당연하죠."

채민이가 대답하면서 주방으로 들어갔다. 식탁을 닦고, 수저를 놓았다. 그러고는 공기에 밥을 담았다. 엄마는 미리 만들어 놓은 불고기를 접시에 담았다. 구수한 냄새를 맡았는지, 아빠가 슬며시 주방으로 들어왔다.

"오이미역냉국도 있네? 맛있겠어."

아빠가 얼음이 둥둥 떠 있는 냄비를 보며 군침을 삼켰다.

모두 자리에 앉았다. 약속이나 한 듯 오이미역냉국부터 숟가락이 향했다.

"차 보고 왔다면서요, 어떻게 됐어요?"

"음, 그냥 보고만 왔지."

아빠가 불고기를 먹으며 건성건성 대답했다.

"결정한 게 아니었어요?"

채민이가 고개를 갸웃거리며 아빠를 보았다.

"아직 결정 안 했어. 내일은 수소연료전지차를 볼 건데 같이 갈래?"

"좋아요."

채민이는 젓가락질하면서 고개를 끄덕였다. 내일 오후, 아빠와 함께 수소연료전지차를 보러 가기로 약속했다.

다음 날 점심을 먹고, 약속 장소로 출발했다. 이번에는 자동차 전시장이 아닌 수소연료전지차 동호회를 찾아갔다.

"아빠, 이번 방학은 조금 특별한 것 같아요."

"뭐가?"

"방학 첫날부터 우리 가족이 온실가스 배출 줄이는 데 노력하고 있잖아요."

"맞네. 그러면 오늘은 2탄인가?"

"아니죠, 3탄요. 어제 제가 말씀드린 거 다 잊으셨어요. 집에서 사용하는 전기, 가스 줄이기가 1탄이고요, 어제 전기자동차가 2탄, 오늘은 3탄요."

아빠와 얘기하다 보니, 바깥 풍경이 달라졌다. 빌딩과 아파트 단지가 사라지고, 쭉 뻗은 길 양쪽으로 굵은 나무가 줄지어 있었다. 논에는 파릇파릇한 벼가 힘차게 자랐다. 갈림길에서 왼쪽으로 향했다. 제법 큰 강을 따라 한참을 달렸다.

"이제 거의 다 왔어."

아빠가 빨간 지붕 건물 앞에서 오른쪽 길로 들어갔다. 넓은 공터 옆에 셀프세차장이 있었다.

"아빠, 혹시 저기예요?"

색깔만 다르고 모두 똑같은 차가 한 줄로 서 있었다. 몇십 대가 한 줄도 서 있으니 꽤 멋있어 보였다.

채민이는 장난치듯 소리를 내며 차를 세웠다. 열다섯까지 세다가 헷갈려서 포기했다. 움직이는 차에서 뭔가 숫자를 센다는 게 쉽지 않았다. 아빠가 공터 끝에 차를 세웠다.

"자, 내리자."

"차를 왜 이렇게 멀리 대요?"

"여기 수소차동호회야. 다른 차가 끼어있으면, 싫어할 수도 있어."

"아빠 차가 비교당하는 건 아니고요?"

"아이코, 들켰네."

아빠가 실실 웃으며 장난치듯 얘기했다. 둘은 세차장 끝에 있는 컨테이너 건물로 들어갔다.

"이 선생님, 따님이랑 같이 오셨네요."

반 팔 차림의 아저씨가 아빠를 보고 소파에서 일어났다. 아빠 친구가 소개해준 다른 학교 최 선생님이었다. 최 선생은 주말에 여기 모여 세차도 하고 정보도 교환한다고 했다.

"수소차가 아직 많이 없어요. 여기 아니면 볼 수 없죠. 잘 오셨습니다."

옆에서 커피를 타던 아저씨가 아빠를 보고 말을 걸었다.

최 선생이 캐비닛에서 수소차에 대해 정리한 자료를 꺼내 소파에 앉아 자료를 펼쳤다.

"수소차는 구조도 굉장히 복잡하고, 전기차와 완전히 다릅니다. 장점도 많고 단점도 많습니다. 장점부터 말씀드릴까요? 아니면 단점부터 말씀드릴까요?"

"장점부터 알려주세요. 단점부터 들으면, 선입견이 생길 것 같네요."

"좋습니다. 수소차의 원리부터 말씀드리겠습니다."

최 선생은 자료 중간을 펼치고는 수소연료전지차에 대한 설명을 시작했다. 과학 담당이라 그런지, 설명이 쉽고 매우 간결했다.

최 선생의 설명이 끝나자, 아빠가 밝은 표정을 지었다. 그리고는 최 선생과 눈을 맞췄다.

"정말 좋네요. 수소차도 전기차처럼 보조금을 받을 수 있죠?"

"당연하죠. 전기차보다 보조금이 더 많습니다. 2024년 3월 기준으로 나라에서 2,250만 원, 지자체마다 약간씩 차이가 있지만 최저 1,000만 원에서 1,500만 원까지 또 받을 수 있습니다. 저도 3,250만 원을 받았습니다."

최 선생은 신이 난 듯 얘기했다.

"그러면 전기차보다 조금 싸게 살 수 있겠네요."

"그렇죠. 가성비는 세계 최고입니다. 거의 반값에 사는 거죠. 이제 장점 말고 단점도 알려드릴게요."

최 선생 얘기에 채민이가 귀를 쫑긋 세웠다. 장점보다 단점을 아는 게 더 중요하다는 생각이 들었다. 어제 전기차를 보러 갔을 때 장점만 들어 조금 아쉬웠다.

"수소 충전하는 게 쉽지 않습니다."

넷제로 인싸되기

수소연료전지차

수소연료전지차도 전기차처럼 달리면서 온실가스를 배출하지 않는다. 수소연료전지차(Fuel Cell Electric Vehicle, FCEV)는 흔히 수소차로 부른다. 수소연료전지차는 전기차와 구동 원리는 같지만, 전기를 저장하는 배터리 대신 전기를 생산하는 연료전지(3차전지)가 들어있다. 연료전지는 수소와 공기 중의 산소를 직접 반응시켜 열과 전기를 생산한다. 연료전지는 물의 전기 분해 원리를 거꾸로 적용한 장치이다.

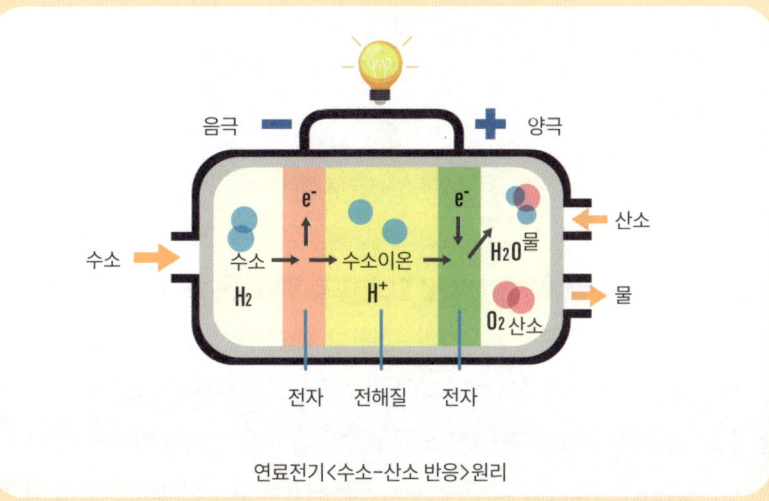

연료전기〈수소-산소 반응〉원리

수소연료전지차는 달릴 때 물과 열만 발생하고 배출가스가 나오지 않는다. 달리면서 주변 공기를 빨아들이기 때문에 초미세먼지를 걸러낸다. 그래서 수소연료전지차는 도로 위에서 달리는 공기청정기라는 별명이 붙었다.

수소연료전지차가 1시간 달리면 26.9kg의 공기를 정화한다. 이 양은 성인 48.9명이 1시간 동안 호흡할 수 있는 공기량이다. 이뿐만 아니라 충전 속도가 전기차보다 훨씬 빠르다.

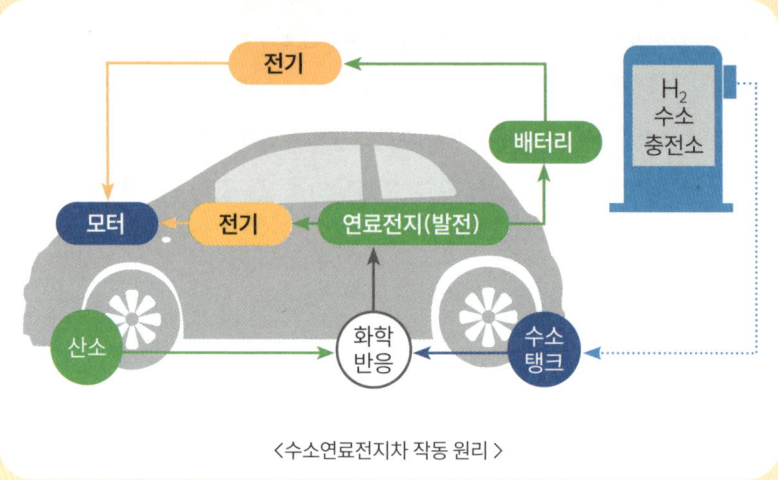

〈수소연료전지차 작동 원리〉

모든 자동차는 일정 거리를 달리고 난 뒤, 연료를 채워 넣는다. 내연기관차는 휘발유나 경유를 넣고, 전기차는 배터리를 충전한다. 내연기관 자동차의 연료 주입 시간은 매우 짧지만 전기차는 상당히 오래 걸린다. 초급속 충전기에서 충전하더라도 몇십 분을 기다려야 하고, 저속충전기로 충전할 때는 반나절 이상 걸리는 경우가 대부분이다. 하지만 수소연료전지차는 수소 충전 시간이 평균 5분으로 매우 짧다. 몇 분 만에 연료통에 수소를 가득 채울 수 있다. 게다가 연료 효율이 높아 훨씬 더 멀리 달릴 수 있다. 수소 1kg에 100km 정도 갈 수 있어서 1회 충전으로 500~600km는 거뜬히 달릴 수 있다.

"조금 전에 충전 시간이 매우 짧다고 하셨잖아요?"

아빠가 고개를 갸웃거리며 물었다.

"맞아요. 충전 시간은 짧지요. 하지만 충전하려고 기다리는 시간이 너무 길어요. 평일은 서너 시간을 기다려야 해요. 그래서 주말에 이곳에 모입니다. 여기가 도시에서 조금 떨어졌지만, 근처에 수소 충전소가 하나 있거든요."

"그렇게 오래 걸립니까?"

아빠는 놀란 듯 목소리가 조금 올라갔다.

"집에 갈 때, 저 따라오세요. 지금 가도 30분 이상 기다려야 할 겁니다."

최 선생은 당연하다는 듯 아무 표정 없이 얘기했다. 그러고는 수소 충전소에 대해 조금 더 알려주었다. 채민이는 얘기를 듣고도 믿을 수 없었다. 우리 동네만 해도 주유소가 다섯 곳이나 있다. 그런데 백만 명이 넘게 사는 도시에 수소 충전소는 4곳 밖에 없었다.

수소 충전소는 2022년 기준으로 대한민국에 총 310곳이 있다. 2025년까지 450곳으로 늘어날 예정이다. 주유소(LPG 충전소 포함)는 2023년 기준으로 약 11,000곳이 있다.

"4곳이요?"

"네. 그중에서 이곳이 조용한 편입니다. 그리고 저녁 8시가 되면, 문을 닫아버려요. 아침이 될 때까지 충전할 수 없죠."

"와! 정말 불편하겠어요."

채민이가 얘기를 듣다가 입을 벌리며 고개를 흔들었다.

충전에 관한 얘기가 끝났다. 이번에는 사고가 났을 때, 고장이 났을 때 불편한 점에 대해 알려주었다.

"우리 회원 중 한 명이 불량수소를 넣어 정말 고생했어요."

"불량수소요?"

"네. 순도 높은 수소가 들어가야 하는데, 일산화탄소 및 이산화탄소가 기준치를 넘어버린 불량수소를 넣었지 뭐예요. 불량수소를 넣으면 자동차가 멈추거든요. 문제는 수리예요. 보험 처리해서 수리는 했지만, 2달이 걸렸어요."

"고생 정말 많이 했겠어요."

"맞아요. 사실 걱정은 또 있어요. 중고로 산 사람도 몇 명 있거든요. 다른 차보다 보증기간이 길어요. 보증기간 10년 또는 주행거리 16만 km까지는 책임져주거든요. 하지만 문제는 보증기간이 아니라 주행거리에요. 1년에 2~3만 km 타는 사용자가 많은데, 보증기간 안에 16만 km를 넘어버리거든요. 그때부터 불안해지는 거죠. 뭐 하나로 고장 나면, 돈이 많이 들어가거든요. 혹시, 수소차 연료탱크 하나가 얼마 정도 할 것 같아요?"

"연료탱크요? LPG 가스통하고 비슷한 거 아닌가요?"

"생긴 건 비슷하죠."

"비싸도 몇백만 원 정도면 살 수 있지 않나요?"

아빠가 태연한 표정으로 차분하게 대답했다.

"아닙니다. 수소연료전지차 살 때 가격의 절반 가까이 들어갑니다. 게다가 엔진이라도 고장 나면, 새 차 가격보다 돈을 더 내야 합니다."

최 선생은 손을 세차게 흔들며 목소리를 높였다.

"그런데 수소차를 왜 사셨어요?"

"그걸 아무도 몰랐죠. 처음 나왔는데 누가 알겠습니까? 타다 보니 단점을 하나둘 알게 된 거죠. 아직 큰 문제 없지만, 조금 불안하기는 합니다."

아빠는 고개를 끄덕이며 아무 말도 하지 않았다. 수소차의 장점보다 단점이 더 크게 와닿았기 때문이다.

"최 선생님, 이제 가시죠!"

모자를 쓴 아저씨가 안으로 들어와 얘기했다. 충전하러 같이 가자는 얘기였다.

"조금 돌기는 하지만, 시내까지 거리는 비슷합니다."

"네. 따라가죠."

아빠가 자리에서 일어나 밖으로 나갔다. 채민이가 아빠 옆에 바짝 붙었다.

"아빠, 수소차가 별로 마음에 안 들죠?"

"사실, 전기차보다 수소차를 선택할까 생각했는데. 오늘 얘기 들어 보니, 마음이 선뜻 내키지 않네."

아빠 차에 올라탔다. 시동을 걸고 창문을 활짝 열었다. 뜨거운 태양 아래 한참을 세워두었더니 차 안이 너무 뜨거웠다.

"조금 있다가 타자."

아빠가 얘기하면서 다시 내렸다. 잠시 후 수소차 다섯 대가 같이 움직였다. 채민이가 차에 올라타자, 아빠가 뒤를 따라갔다. 얼마 가지 않아 수소 충전소가 보였다. 기다리는 차가 꽤 많았다.

"아빠, 충전하려고 기다리는 차가 스무 대도 넘는 것 같아요."

"진짜 많네."

아빠가 털털하게 웃으며 충전소 앞을 그냥 지나갔다.

"그러면 전기차를 선택하실 건가요?"

"아니."

아빠 대답에 채민이가 깜짝 놀랐다. 아빠는 운전하면서 전기자동차, 수소연료전지차에 대해 먼저 설명했다.

"아빠 말이 맞네요. 그러면 다른 차를 생각하고 계신 거예요?"

"응. 환경친화적 자동차에 하이브리드차가 있어."

"하이브리드요?"

"맞아. 하이브리드자동차는 휘발유를 넣지만, 온실가스를 덜 배출하지."

"내연기관 자동차가 어떻게 환경친화적이 될 수 있죠?"

"어제 보여준 자료 기억 안 나니? 친환경자동차에 무공해 자동차, 환경친화적 자동차, 저공해자동차가 있다고 했잖아."

"아, 기억났어요. 그러면 하이브리드자동차가 저공해인가요?"

"아니, 하이브리드자동차는 환경친화적 자동차야. 가스차, 휘발유차는 저공해자동차이지. 집에 가서 자료 보면서 다시 설명해 줄게."

"정말요?"

채민이가 깜짝 놀랐다. 화석연료를 사용하는데 환경친화적자동차, 저공해차가 되는 게 너무 이상했다.

넷제로 인싸되기

자동차에 사용하는 연료

2023년 기준으로 대한민국에 100% 무공해차는 없다.
환경부에서 전기자동차, 수소연료전지차를 무공해차로 지정했지만, 진정한 의미의 무공해 자동차는 아니다.

전기자동차와 수소연료전지차는 달릴 때 온실가스를 거의 배출하지 않는다. 하지만 사용하는 연료가 문제이다. 생산하는 전기원료의 50% 이상이 화석연료이기 때문이다. 수소도 마찬가지다. 우리나라에서 생산하는 수소는 화석연료와 밀접한 관계가 있다. 대한민국 수소 충전소 대부분이 그레이수소를 취급한다. 그레이수소 1톤당 10톤의 온실가스가 발생한다.

그레이수소	부생수소	석유화학 공장에서 부수적으로 발생하는 수소이다.
	개질수소	천연가스를 물과 반응시켜 수소를 생산한다. 반응식: $CH_4(LNG)+2H_2O(물) \rightarrow 4H_2+CO_2$
블루수소		그레이수소와 생산방법은 같지만, 탄소포집 기술을 이용해 수소 생산 과정에서 발생하는 온실가스를 90%까지 포집한다.
그린수소		풍력, 태양광 등 재생에너지 전력을 사용해 수전해로 수소를 생산한다. 생산 과정에서 온실가스 배출이 전혀 없다.

화석연료를 사용해도 친환경?

1층 현관에서 지연이를 만났다. 지연이가 아빠에게 인사를 하면서 엘리베이터에 같이 탔다. 7과 12 숫자를 차례로 누르며 지연이가 옆으로 다가왔다. 그러고는 귓속말로 얘기했다.

"지금?"

"응."

저녁 먹기 전까지 한두 시간 여유가 있었다.

"아빠, 지연이네 가서 조금만 놀다 올게요."

"그래."

아빠와 7층에서 헤어지고, 12층에서 내렸다.

지연이 엄마, 아빠에게 인사하고 방으로 들어갔다.

"어떻게 됐어? 성공했어?"

"당연하지."

채민이는 어제 있었던 일을 모두 얘기했다. 너무 쉽게 성공한 것 같아 할 얘기가 많지 않았다.

"그게 다야?"

"너무 쉽게 끝났어. 그런데 가만히 생각해보니까, 아빠 작전에 내가 휘말린 것 같아."

"왜?"

"얘기하는 데 1시간도 안 걸렸어. 그런데 내 얘기 끝나고, 아빠가 자동차 카탈로그를 가져오시더라고. 어제오늘 계속 자동차만 같이 보러 다녔어."

채민이는 아빠가 정리한 바인더도 얘기했다.

"진짜?"

지연이가 눈을 크게 뜨며 채민이를 보았다. 그러고는 깔깔 소리 내며 웃었다. 아빠 작전에 채민이가 당했다는 느낌을 지울 수 없기 때문이었다.

"좋게 생각하기로 했어. 온실가스 배출을 줄이시겠다는데, 어떻게 말려?"

저녁을 먹고, 아빠가 거실로 채민이를 불렀다.

엄마가 참외를 깎아 가져왔다.

"얘기할 게 또 있어요?"

엄마가 웃으며 둘을 쳐다봤다.

"어제오늘 무공해 자동차 공부했어요. 이제 환경친화적 자동차 공부할 시간이에요."

채민이가 입술을 삐죽삐죽 내밀며 장난치듯 얘기했다.

"공부?"

"네. 공부 맞아요. 히히. 그래도 재미있어요. 엄마도 같이 하실래요?"

"둘이 해. 나는 빠질게."

채민이 얘기에 엄마가 손을 내둘렀다. 그러고는 얼른 일어나 방으로 쏙 들어갔다.

아빠가 바인더를 펼쳤다. '환경친화적 자동차'라는 제목이 눈에 확 띄었다. 아빠는 자료를 보면서 설명을 시작했다. 환경친화적 자동차는 하이브리드 자동차밖에 없었다.

"하이브리드자동차는 뭐예요?"

"요즘, 하이브리드(HYBIRD)라는 단어는 자동차 외에 여러 곳에서 많이 사용해. 서로 다른 두 가지를 함께 사용할 때 하이브리드라는 단어를 쓰지."

"하이브리드자동차도 두 개를 섞은 거예요?"

채민이가 손가락 두 개를 세우며 물었다.

넷제로 인싸되기

하이브리드자동차와 디젤 자동차

'하이브리드(HYBIRD)'라는 단어는 '잡종, 혼합, 혼종, 혼합물 등'이라는 의미가 있다. 단어의 뜻처럼 하이브리드자동차 대부분이 내연기관과 전기 모터를 혼합해 사용한다.

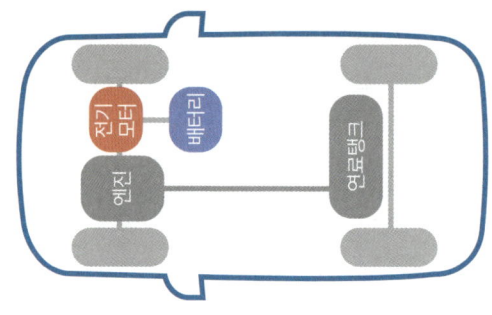

〈하이브리드자동차의 구조〉

하이브리드자동차는 적은 연료를 사용하여 먼 거리를 달릴 수 있다. 주행할 때 모터가 같이 돌아 힘을 더해주면서 연료를 아낄 수 있기 때문이다. 내연기관 자동차는 시동 걸기, 공회전, 저속 주행, 고속 주행할 때 연료를 많이 사용한다. 이때 전기 모터가 작동하면, 연료 사용을 줄일 수 있다.

시동을 걸고 저속으로 움직이면, 엔진이 꺼지고 전기 모터만으로 주행할 수 있다. 속도가 올라가면 엔진이 작동하고, 전기 모터는 보조역할을 한다. 또한 전기자동차처럼 멈출 때 운동에너지를 버리지 않고 다시 사용해 발전기를 돌려 전기로 변환해 배터리를 충전한다.

■ 하이브리드자동차의 에너지 사용 원리

시동	가속/오르막	감속/내리막	정속 주행
모터 주행	엔진+모터 주행	배터리 충전	엔진 정지
전기 모터를 사용하여 시동을 걸기 때문에 연료를 사용하지 않는다.	엔진이 돌아갈 때 모터가 힘을 더해 준다. 모터 사용량만큼 연료가 절약된다.	모터가 발전기로 작동하여 배터리가 충전된다.	엔진 효율이 좋은 도로에서는 모터가 돌아가지 않고 엔진만으로 주행한다.

하이브리드자동차는 크게 마일드하이브리드와 플러그인하이브리드 2가지로 분류한다.

① 마일드하이브리드 : 내연기관에 작은 용량의 배터리와 낮은 용량의 전기 모터를 추가한 단순한 형태이다. 주행 중 더 강한 힘이 필요할 때, 모터가 돌아가면서 힘을 더해준다. 전기 모터만을 사용해서 주행할 수 없기 때문에 내연기관차에 더 가깝다.

② 플러그인하이브리드 : 전기자동차처럼 외부 충전 장치를 이용해 배터리에 전기를 저장할 수 있다. 전기자동차처럼 모든 상황에서 전기 모터만을 사용해서 달릴 수 있다. 전기자동차와 매우 흡사하다.

디젤 자동차

디젤 자동차는 온실가스 외에도 오존층을 파괴하는 질소산화물(NO_x)이라는 오염물질을 배출한다. 일산화질소(NO)는 혈액 속 헤모글로빈과 결합하여 중추신경계에 치명적인 문제를 일으킨다. 이산화질소(NO_2)는 자극성이 강하며, 산소 결핍증, 폐·기관지 장애를 일으킨다. 또한 질소화합물은 세계보건기구(WHO) 1군 발암물질로 산성비, 미세먼지를 발생시키는 원인이다.

질소산화물의 배출을 줄이기 위해 2014년부터 모든 디젤 자동차는 배출가스 저감장치를 의무적으로 달아야 한다. 배기가스저감장치(SCR)는 경유가 연소할 때 요소수와 화학반응을 하여 질소산화물 등의 배출가스를 걸러준다.

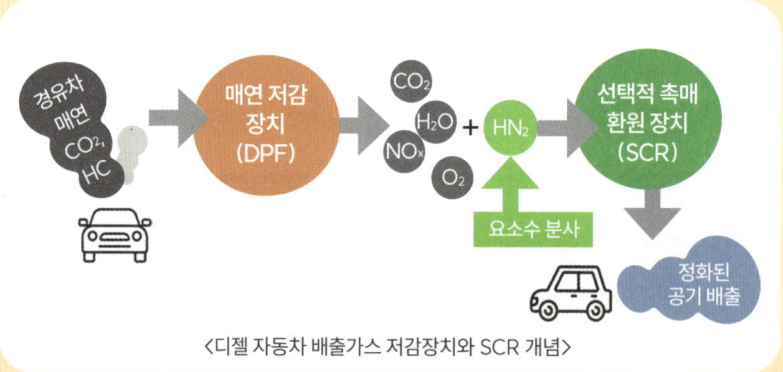

<디젤 자동차 배출가스 저감장치와 SCR 개념>

배기가스저감장치(SCR)를 거치면 물과 질소만 배출한다. 순수한 질소는 공기 중 약 78%를 차지하는 깨끗한 물질이다. 미세먼지나 환경오염 문제로 배기 가스 규제가 강화되면서 배출가스를 저감시킬 수 있는 기술이 발전하고 있다.

"맞아. 전기차와 내연기관차를 섞어놓은 자동차지."

아빠가 손가락으로 그림을 가리켰다. 하이브리드자동차의 구조였다.

"여기서 앞 부문만 지우면, 전기자동차랑 똑같네요."

"맞아."

아빠는 흐뭇한 미소를 지으며, 하이브리드자동차에 관해 설명했다.

아빠가 설명을 끝내고 다음 장을 넘겼다. 이번에는 '저공해차'라는 제목 글자가 선명했다. 저공해차에는 가스차(LPG, 천연가스)와 휘발유차가 있었다.

"LPG나 휘발유는 화석연료잖아요. 어떻게 친환경 자동차가 될 수 있어요?"

채민이가 목소리를 높이며 따지듯 물었다.

"나도 처음에는 너처럼 생각했어. 하지만 나쁜 놈이랑 더 나쁜 놈이랑 같이 있으면, 나쁜 놈이 상대적으로 착한 놈이 될 수 있잖아. 그런 개념이 아닐까?"

"그런 게 어디 있어요."

"그래서 저공해차라고 분류했나 봐. 에너지 효율 등급처럼 무공해, 환경친화적, 저공해로 나눠놨잖아."

"이건 정말 마음에 안 들어요."

채민이가 얘기를 하면서 눈살을 찌푸렸다. 그러고는 물끄러미 자료를 넘겼다. 저공해차와 디젤 자동차를 비교한 자료가 있었다.

　뒷장에 휘발유, 가스 순서로 설명이 있었다. 휘발유, 천연가스(LNG), 석유액화가스(LPG)도 연소할 때, 온실가스를 배출하였다. 하지만 경유처럼 유해 물질은 거의 배출하지 않았다.

"아빠 말이 맞네요. 디젤 자동차는 나쁜 놈, 가스차, 휘발유차는 덜 나쁜 놈. 그래서 저공해차라고 정했나 봐요."

"갑자기 양심 찔리게."

아빠 얼굴이 조금 붉어졌다. 지금 타고 다니는 차가 경유차이기 때문이다.

"아빠, 친환경 자동차에 3가지 종류가 있지만, 온실가스 배출을 생각한다면 무공해차를 선택하는 가장 좋을 것 같아요."

"꼭 그렇지 않아. 그래서 내가 고민하는 거지."

"뭘 고민하시는데요. 3가지 모두를 고민하시는 거예요?"

"아니, 2가지야. 전기차랑 하이브리드자동차야."

"정말요? 수소차가 아니고 왜 하이브리드자동차예요?"

채민이가 눈을 크게 뜨며 아빠를 보았다. 전기차와 수소차 중에서 고민했다면, 충분히 이해할 수 있었다. 하지만 수소차를 포기하고 하이브리드자동차를 넣었다는 게 이상했다.

"하이브리드차를 왜 넣었는지 궁금하지?"

아빠가 눈을 깜빡거리며 피식 웃음을 흘렸다. 바인더에 있는 자료를 보며 설명했다. 모든 자동차는 전기, 수소, 휘발유 등의 연료를 사용했다. 전기자동차와 수소차는 온실가스를 거의 배출하지 않지만 전기와 수소를 만들 때, 온실가스가 발생한다.

"기억나요. 그레이수소 1톤 만들 때, 온실가스 약 10톤을 배출한다고 하셨어요. 그런데 전기도 온실가스 배출이 많아요?"

"그럼, 많지. 휴!"

아빠가 긴 한숨을 내쉬며 대답했다. 그러고는 다른 바인더를 펼쳤다. 학교에서 만든 교재였다.

"여기 한번 볼래? 우리나라에서 전기를 만들 때, 어떤 원료로 만드는지 자세히 나와 있어."

"화석연료가 2/3를 차지했네요. 결국 전기를 사용하는 것은 화석연료 쓰는 것과 크게 다르지 않다는 뜻이네요."

넷제로 인싸되기

대한민국 에너지원별 전력 소비량

우리나라 전체 전력 소비량은 2018년 기준으로 570.6TWh였다. 에너지원별로 살펴보면, 석탄이 가장 큰 비중을 차지했고(40%), 원자력과 가스(LNG)는 각각 20%대, 신재생에너지는 6.2%였다. 2021년 기준 총발전량은 611TW였고, 신재생에너지 발전량은 50.6TW로 전체 발전량 중 8.29%를 차지했다.

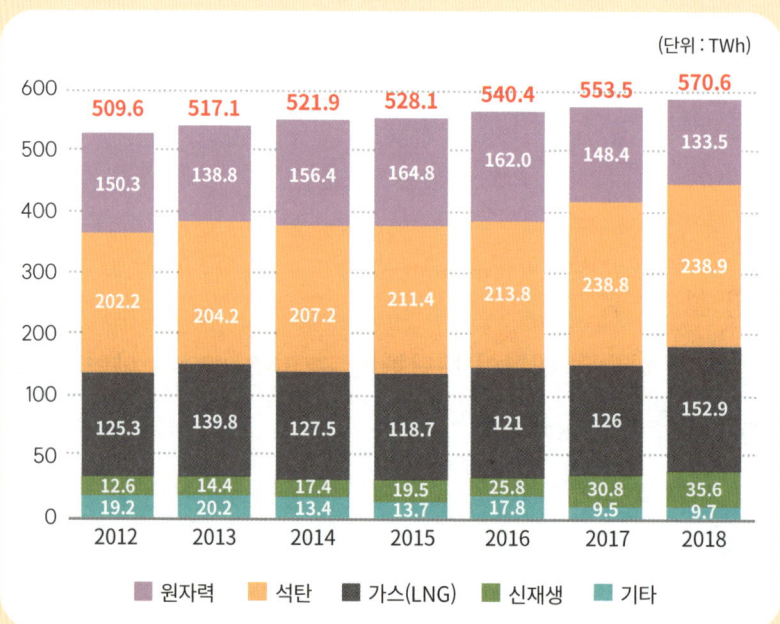

전력 사용 증가와 함께 온실가스 배출량은 계속 늘어났다. 2018년 에너지 부문의 온실가스 배출량은 269.6백만 톤이었다.

우리나라 온실가스 총배출량 중 37.1%를 차지했다.

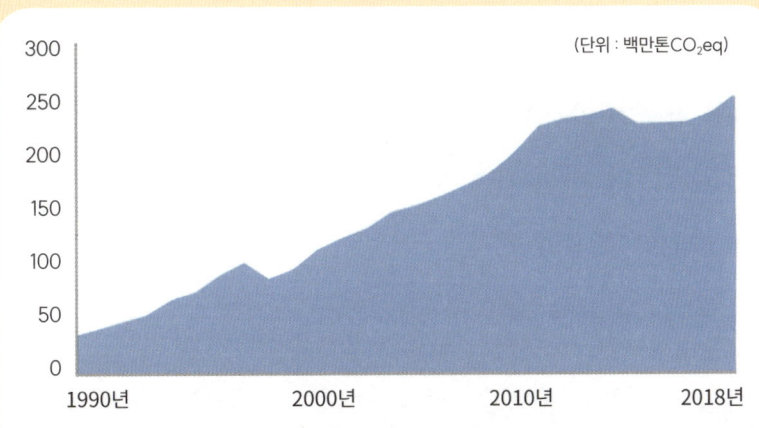

저공해자동차란?

오염물질을 대기 중으로 배출하지 않거나, 대기환경보건법에서 정한 배출허용 기준보다 오염물질을 적게 배출하는 자동차를 뜻한다. 저공해차 기준은 1종, 2종, 3종으로 구분한다.

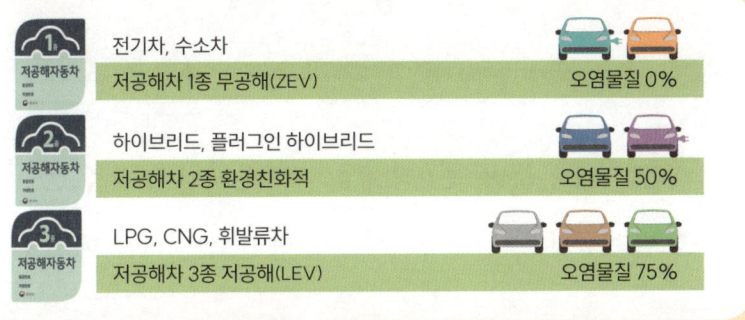

전기차, 수소차
저공해차 1종 무공해(ZEV) — 오염물질 0%

하이브리드, 플러그인 하이브리드
저공해차 2종 환경친화적 — 오염물질 50%

LPG, CNG, 휘발류차
저공해차 3종 저공해(LEV) — 오염물질 75%

"맞아. 그래서 고민했지."

아빠가 얘기하면서 다른 바인더를 또 펼쳤다. 자동차를 만들 때부터 폐차할 때까지 발생하는 온실가스 배출량을 조사한 자료였다.

"하이브리드자동차가 제일 적네요. 그다음이 전기차고요."

"맞아. 2023년을 기준으로 놓고 차를 10년 탄다고 생각하면 하이브리드차가 가장 친환경이라고 볼 수 있어. 그래서 하이브리드차랑 전기차랑 고민했어. 사실, 수소차도 발생량이 비슷하지만, 충전소가 너무 없어 불편한 것 같아 뺐지."

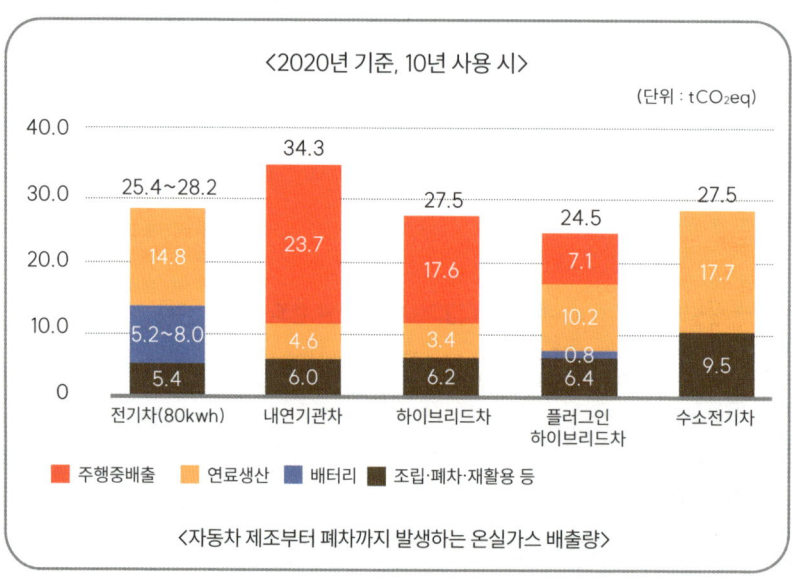

"뭘 선택할지 제가 한번 골라볼게요. 3일만 시간 주세요. 그리고 이 바인더 좀 빌려주세요. 정리하면서 공부하면, 선택하는 데 도움이 될 것 같아요."

채민이는 지난번 건축물에서 온실가스 배출을 줄이기 위해 정리해 둔 자료가 마음에 쏙 들었다. 이번에도 정리해두면 좋을 것 같다는 생각이 들었다.

"좋아! 우리 채민이 선택을 한번 믿어볼게."

아빠가 환하게 웃으며 손을 내밀었다. 채민이도 손을 올려 하이파이브를 했다. 마음이 맞았는지, 짝 소리가 경쾌하게 났다.

다음 날 아침, 채민이는 방에 틀어박혀 자료를 정리했다. 자료가 꽤 많았지만, 자동차에 관한 것만 뽑았다. 몇 번을 반복해서 읽자, 생각보다 어렵지 않게 느껴졌다. 서너 장 정도면 충분히 요약할 수 있었다. 점심 무렵, 지연이에게 연락이 왔다. 통화를 하면서 지연이와 함께 고민하면 좋을 것 같다는 생각이 들었다.

"오후에 바빠?"

"피아노 학원 가야지."

"아, 맞다. 그러면 학원 수업 마치고 나랑 얘기 좀 해. 중요한 거야."

"뭔데, 지금 말하면 안 돼?"

"안 돼. 지금 바빠."

채민이는 전화를 얼른 끊었다. 지연이와 같이 고민하려면, 빨리 정리하는 게 먼저였다.

반쪽이 아닌 진짜 100% 친환경 실천

    점심을 먹고 채민이는 피아노 학원에 갔다. 지연이도 와 있었다. 방학이라 평소보다 아이들이 적어서 빈 곳이 있었다. 방으로 들어가 악보를 펼쳤다.
    선생님이 들어왔다.
    "끝까지 한번 쳐 볼래?"
    선생님 목소리가 경쾌했다. 3주 동안 쳤던 곡을 끝내고, 다른 곡으로 넘겨주겠다는 뜻이었다.
    채민이는 악보를 보면서 한마디 한마디 정확하게 연주했다.
    "음, 잘 쳤어. 다섯 번만 더치고 새 곡 들어가자."
    선생님이 만족하다는 듯 흐뭇하게 미소를 지으며 얘기했다.

지연이 수업이 먼저 끝났다. 의자에 앉아 채민이를 기다렸다. 얼마 후, 채민이도 수업이 끝났다. 둘은 학원을 나와 옆 건물에 있는 편의점에 들어갔다. 무척 더운 날씨에 햇빛마저 강렬했다. 둘은 음료수를 하나씩 골라 창가 옆에 앉았다.

"무슨 얘긴데?"

"잠깐만 기다려."

채민이가 대답하고는 가방에서 인쇄물을 꺼냈다. 친환경자동차에 대해 정리한 자료였다. 지연이는 음료수를 먹으며 인쇄물을 보았다.

"이제 자동차야?"

"맞아. 아빠가 온실가스 배출을 줄이려면, 자동차도 친환경차로 바꿔야 한대."

"맞는 말이긴 한데……."

지연이가 음료수를 홀짝홀짝 들이켜며 뒷말을 흐렸다. 채민이가 아빠의 고민을 간단하게 얘기했다.

2023년 대한민국을 기준으로 자동차 생산에서 폐차까지 계산하면, 온실가스 배출량이 가장 적은 자동차는 하이브리드자동차였다.

6. 반쪽이 아닌 진짜 100% 친환경 실천

전기자동차와 수소연료전지차는 달릴 때 온실가스는 배출하지 않지만, 연료를 만들 때 많은 온실가스를 배출했다. 전기자동차에 사용하는 전력 대부분이 화석연료로 만들기 때문이었다. 이 말은 전기차가 늘어날수록 화석연료로 생산하는 전기도 동시에 증가할 수 있다는 뜻이다. 전기자동차가 100% 친환경자동차가 되기 위해 화석연료보다 신·재생에너지로 만든 전기를 사용해야 한다.

수소연료전지차도 수소를 만들 때, 온실가스 배출량이 꽤 많다. 지금 수소연료전지차에 사용하는 수소는 친환경 연료인 그린수소가 아닌 그레이수소이다. 그레이수소 1kg을 만드는데 온실가스 약 10kg가 발생했다.

그린수소를 만들려면, 신·재생에너지가 풍족해야 한다. 그래야만 깨끗한 전기로 그린수소를 여유롭게 만들 수 있다.

지연이는 채민이 얘기를 듣고 난 뒤, 여유롭게 미소를 지었다. 그러고는 채민이에게 고개를 돌렸다.

"이게 다야?"

"설명이 부족해?"

"아니, 너무 쉽잖아. 고민할 필요도 없어."

지연이 말에 채민이는 깜짝 놀랐다. 아빠도 둘 중 하나를 고르지 못해 오랜 시간을 고민했다. 그런데 지연이는 1분도 생각하지 않고 답을 찾았다고 말했다.

"답이 뭔데?"

채민이가 눈을 말똥말똥 뜨고는 지연이를 바라보았다.

"자. 전. 차."

"자전차? 자전거 말하는 거야?"

"맞아. 자전거. 예전에 우리 할아버지가 자전거를 자전차라 부르셨어."

"장난치지 말고, 진짜 답을 말해줘."

채민이가 눈을 흘기며 지연이를 보았다. 하지만 지연이 대답은 달라지지 않았다. 계속 자전거라고 말하며 목소리를 높였다. 채민이는 답답했다.

"잠깐만 기다려."

지연이는 큰 소리로 얘기하면서 스마트폰을 꺼냈다. 어젯밤에 본 동영상을 찾아 채민이에게 보여주었다.

⋮

매일 1.5km 이내 거리를 걸어 다니면, 1년간 31.5kg의 탄소를 줄일 수 있어요. 조금 먼 거리는 대중교통을 이용하는 게 좋은데요, 대중교통을 이용하면 1년간 285.45kg의 탄소를 줄일 수 있기 때문입니다. 이것이 바로 승용차보다 더 좋은 비엠더블유 3종 사에요. 자전거는 온실가스 배출을 전혀 하지 않아요. 가족과 함께 실천하면 지출도 줄이고 건강도 챙길 수 있겠죠?

⋮

교통수단별 탄소배출량(1km이동 기준)

승용차 210g 》》》 버스 27.7g › 지하철 1.53g › 자전거 0g

B.M.W
Bus(버스) Metro(지하철) Walking(걷기)

영상을 보는데, 편의점 직원이 다가왔다. 시간 날 때 편의점에서 일을 하는 대학생 언니였다.

"비엠더블유(BMW) 나오는 영상 보는 거야?"

비엠더블유(BMW)는 버스(Bus), 지하철(메트로, Metro), 걷기(Walk)의 약자이다.

"어, 어떻게 아셨어요?"

"작년에 우리 동아리에서 만든 거야. 비, 엠, 더블유. 내 목소리랑 똑같지 않아?"

"맞네요. 정말 신기해요. 어제 본 영상 속 목소리를 직접 듣다니."

지연이는 얘기를 하면서 신이 나는 지 입이 귀까지 걸렸다.

"시간 괜찮으시면, 저희랑 얘기 좀 하실 수 있어요."

지연이가 조심스럽게 물었다. 어제 본 영상에 대해 궁금한 게 많았다.

"30분 정도만 있으면 일 끝나는데. 기다릴래?"

"네. 좋아요."

지연이는 기다리면서 다른 영상 몇 개를 더 보여주었다. 대부분 대중교통의 장점을 강조한 영상이었다.

"아빠가 차를 팔고, 과연 자전거를 살까?"

채민이가 지연이를 물끄러미 바라보면서 조용히 얘기했다. 자신 없다는 듯 눈빛이 조금 흔들렸다.

"네가 잘 설득해야지. 보일러, 에어컨 바꾸는 데도 성공했잖아."

"창틀도 성공했어."

"그래, 넌 할 수 있어."

지연이가 엄마처럼 얘기하면서 채민이 등을 토닥거렸다.

"많이 기다렸지."

편의점 언니가 성큼성큼 다가와 옆에 앉았다. 지연이가 채민이에게 들었던 얘기를 먼저 전했다.

"내 생각을 듣고 싶다고? 나는 대중교통으로도 충분하다고 생각해. 우리 가족도 작년에 차를 없앴어. 이제 모두 비, 엠, 더블유와 자전거를 이용하지."

"그게 가능해요?"

채민이 눈이 동그래졌다.

"돈도 아끼고, 건강도 지킬 수 있지. 가장 중요한 건 바로 환경을 지킬 수 있다는 보람이야."

언니가 둘을 보면서 차분하게 얘기했다.

"혹시 다른 거 없어요. 보여줄 자료가 있으면, 아빠를 설득하는 데 더 도움이 될 것 같아요. 좀 센 거로요."

언니가 잠시 생각하더니, 스마트폰을 꺼냈다. 예전에 영상을 만들면서 본 자료가 생각났기 때문이다.

"브라질에 있는 쿠리치바에 대해 들어봤니?"

"쿠리치바요? 처음 들어요."

 넷제로 인싸되기

버스전용차선의 원조

▎브라질 쿠리치바

쿠리치바는 대중교통을 중심으로 도로를 만들 때 3층으로 설계하여 기존 도로 공간을 최대한 활용했다. 이런 설계 때문에 도시의 역사적 유산과 자연을 최대한 보전하면서 편리한 교통망을 갖출 수 있었다. 도로 중앙에는 급행 버스가 다니는 버스전용차선이 있고, 버스전용차선 바깥에 자동차 도로가 있다.
자동차 도로 옆에는 2개의 일방통행로가 있다. 하나는 중심지로 향하는 일방통행 도로이고, 다른 하나는 중심에서 외곽으로 나가는 일방통행 도로이다.

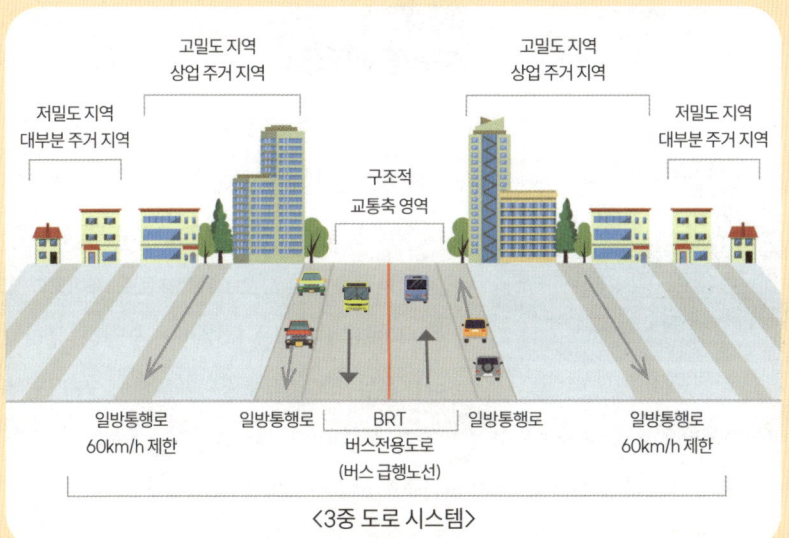

〈3중 도로 시스템〉

쿠리치바 대중교통의 특징은 버스이다. 지하철은 대규모 토목 공사로 환경이 파괴되고, 건설과 유지에 비용이 많이 들기 때문이다. 쿠리치바에서는 다양한 버스 노선, 버스전용차로제 등으로 대중교통을 이용해 쉽고 편리하게 이동할 수 있다.
버스는 거리와 운행지역에 따라 여러 등급으로 나누고, 색을 다르게 나누어 쉽게 구분할 수 있다. 24시간 버스를 이용할 수 있고, 모든 구간에서 환승이 가능하다.

쿠리치바 버스 종류

운행 구간		수송 인원
2~3km 구간 직행버스		30
외곽에서 도시를 거쳐 터미널까지 운행		80
		160
인근 지역에서 쿠리치바 시내로 이동		80
		160
도시 외곽 순환		110
		160
지역 순환 버스		110
도로 중앙 버스 전용차선		270

〈땅 위의 지하철이라 불리는 BRT〉

이용객이 많은 구간은 이중굴절 버스를 운행한다. 버스정류장에 들어가면 요금을 낼 수 있어 승차 시간을 단축하고 버스 연료로 바이오디젤을 사용하여 매연을 60%까지 줄였다. 쿠리치바는 온실가스 배출을 줄이기 위하여 1977년부터 100km의 자전거 도로망을 만들었다. 도심과 외곽을 연결하는 통학용 자전거 도로를 설치하여 출·퇴근할 때 자전거를 편하게 이용할 수 있고 보행자 전용 도로도 잘 갖추어져 있다.

지연이가 고개를 흔들었다. 언니가 스마트폰을 보면서 쿠리치바의 대중교통에 관해 설명했다.

설명이 끝나자, 채민이가 고개를 끄덕거리며 언니를 바라보았다.
"우리나라랑 비슷한 거 같아요."
"맞아. 쿠리치바에서 대중교통이 성공한 것을 보고 우리나라에 가져와 버스전용도로를 만든 거야."
"쿠리치바가 먼저예요?"
"그럼, 1977년부터 했으니까. 우리나라는 1993년에 버스전용차선을 만들었어."
"다른 건 없어요? 이런 건 우리나라에도 이미 있잖아요."
채민이가 조심스럽게 말을 꺼냈다.
언니 설명을 들으며, 대중교통의 장점은 충분히 이해했다. 하지만 아빠를 설득하려면 조금 더 새로운 자료가 필요했다.
"음, 이건 어때?"
언니가 스마트폰을 다시 검색하더니 쿠리치바와 대한민국의 공기질을 비교해주었다.

대기질 지수(AQI, 공기 질 지수)는 대중에 영향을 미치는 공기오염 정도에 대한 척도가 되는 지표를 말한다. 대기질 지수가 높을수록 많은 인구가 건강에 악영향을 받을 가능성이 높아진다.

"우리나라가 훨씬 나쁘네요."

쿠리치바의 대기질 지수가 대한민국보다 훨씬 낮았다.

"혹시, 대중교통을 이용하면서 단점은 없었어요?"

지연이가 설명을 듣다가 작은 목소리로 물었다.

"당연히 있지. 비 오는 날, 바쁜 날 조금 불편한 건 사실이야. 그런데 이것도 해결할 방법이 있더라고."

"그게 뭔데요?"

채민이가 눈을 크게 뜨고 자세를 고쳐잡았다.

"우리에게는 스마트폰이 있잖아. 바로 이거야."

언니가 스마트폰에서 자주 사용하는 앱 하나를 보여주었다. '우달여'라는 앱이었다. '우달여'라는 이름은 '우리는 달까지 여행합니다'의 첫 글자만 따온 단어였다. 앱을 만들 때, 달까지 여행할 수 있도록 모든 교통정보를 담는 것이 목표였기 때문이다.

"이것만 있으면 다 돼요?"

"아직 부족한 게 있지만, 조금씩 더 좋아지고 있지."

"어떻게요. 자세히 좀 알려주세요."

언니가 말한 앱은 통합이동 서비스 프로그램(MaaS)이었다. 이 프로그램을 사용하면 목적지까지 대중교통을 이용해서 빠르게 이동할 수

 넷제로 인싸되기

통합이동 서비스(MaaS)란?

통합이동 서비스(MaaS)는 'Mobility as a Service'의 준말로, '서비스로서의 모빌리티(이동)'라는 뜻이며, 모든 교통수단을 하나의 통합된 서비스로 제공하는 개념이다. 현재에도 빠른 경로 안내, 차량·자전거·킥보드 등의 공유, 대중교통 환승, 할인 등의 기본적인 정보는 제공받을 수 있다.

MaaS는 개인 교통수단을 포함해 열차, 택시, 버스, 각종 공유서비스 등의 종합적인 정보와 최적 이동 방법, 예약, 결제까지 같이 제공해야 한다. 부가적으로 차량 정비소, 주차장, 보험 등의 차량 관련 주변 서비스까지 확장할 수 있다. 향후, 기본정보뿐 아니라 부가 정보까지 모두 포함된 통합이동 서비스(MaaS)가 나올 것으로 예상한다.

▎MaaS의 필요성

MaaS는 실시간 교통정보를 이용하여 빠르고 편리하게 이동하는 방법을 알려준다. MaaS 사용자가 늘어나면, 교통 체증, 주차 공간, 대기 오염 등의 문제를 해결할 수 있다. 자가용보다 더 빠르고, 편하고, 쉽고, 기분 좋게 이동할 수 있다면 차량 소유와 이용 비율이 줄어들기 때문이다.

경제협력개발기구(OECD) 산하 국제교통포럼(ITF, International Transport Forum)에서 포르투갈의 리스본을 대상으로 MaaS와 도시 수요 관계를 연구하였다. MaaS 서비스가 보편화되었을 때, 현재 존재하는 자동차의 3%만으로 충분히 교통 수요를

충족할 수 있다는 결과가 나왔다. 불필요한 교통량이 줄어들면, 이산화탄소 배출을 37% 감소시킬 수 있다.

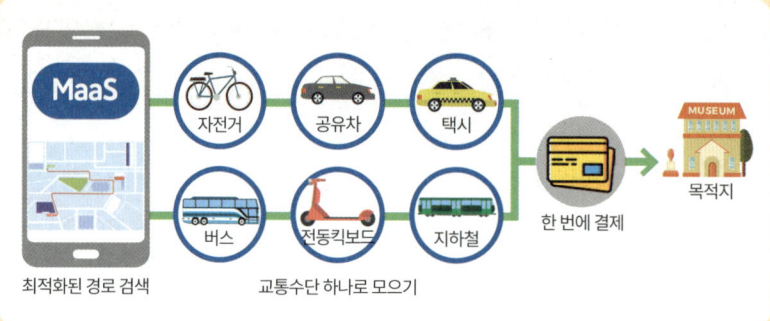

■ 우리나라의 MaaS 현황

국내 MaaS는 아직 초기 단계이다. 택시와 공유 차량을 이용한 최적 이동 경로 안내, 예약, 결제 서비스를 제공한다. 다중 이동 수단의 환승이나 연계 예약은 불가능하다. 도시철도와 버스 간 환승할인은 이미 시행 중이다.

- 카카오 모빌리티 : 택시, 자전거, 셔틀, 시외버스, 기차 등 중·단거리에서 광역 교통정보 제공, 내비게이션, 주차, 대리운전, 세차, 정비, 중고차 서비스 제공
- 티맵 모빌리티 : 대중교통정보, 택시 호출 서비스, 렌터카, 대리운전, 차량공유, 단거리 이동 수단, 주차 서비스 제공
- 쏘카 : 공유 차량 서비스 제공

있었다.

대중교통이 없는 곳은 자전거, 킥보드 등이 있는 곳을 알려주었다. 게다가 바쁠 때는 공유 차량 정보까지 보여주었다.

"공유 차량이 뭐예요?"

채민이가 화면을 가리키며 물었다.

"말 그대로 빌려 타는 자동차야. 이것 좀 볼래."

언니가 메뉴에 들어가 공유 차량 검색 단추를 눌렀다. 주변에 5대가 있었다.

"여기서 30미터만 걸어가면, 전기차 1대가 있어. 다른 차는 50미터. 이 정도면 쓸만하지 않아? 1시간 이용하는데, 5천 원이야. 더 오래 타면, 요금이 점점 줄어들지. 볼일이 끝나면 지정 장소에 차를 주차하고, '완료' 버튼만 누르면 끝이야."

"와! 필요할 때 바로 사용할 수 있고, 주차 걱정도 안 해도 되고. 정말 너무 좋은데요."

"하하. 아직은 아니야. 사람이 많이 사는 곳에서는 편하게 쓸 수 있지만, 아직 안 되는 곳도 있어."

"달까지 여행한다면서요?"

채민이가 조금 큰 목소리로 물었다.

"그건 목표잖아. 최종 목표."

지연이가 웃으며 나무라듯 대답했다. 채민이는 자신감이 생겼는지,

가방에서 연필과 공책을 꺼냈다. 그러고는 오늘 들은 내용을 간단히 정리했다. 마지막에는 스마트폰에 '우달여' 앱을 깔았다.
"이 정도면 우리 아빠 설득할 수 있겠어요."
채민이는 흐뭇한 표정을 지으며 주먹을 꼭 쥐었다.

하늘을 나는 택시

"미래에는 달까지 여행할 수 있을까요?"

채민이가 창밖을 보다가 고개를 돌리며 물었다. 하지만 지연이는 언니가 알려준 앱에서 눈을 떼지 못했다. 지연이가 혼잣말하듯 중얼거렸다.

"앞으로 어디까지 발전할까요?"

"궁금하니?"

언니가 대답하며 지연이를 보았다. 언니는 도시교통공학과 3학년이었다. 도시교통공학과에서는 교통·공간정보·도시계획 분야 등에 인공지능, 정보통신기술 등의 새로운 첨단기술을 융합하여 도시문제를 해결하고, 나아가 스마트도시를 건설하기 위한 지식을 배웠다.

"진짜 궁금해요. 뉴스에서 자율주행차를 봤는데. 그게 가능한가요? 조작이죠?"

"가능하지. 지금 어떤 도시는 완전자율주행 택시 몇백 대가 돌아다녀."

"그게 어딘데요?"

"중국 베이징시야."

"네! 중국 베이징요?"

둘은 깜짝 놀란 듯 동시에 소리를 질렀다. 미국, 한국도 아니고 중국에서 자율주행 자동차가 돌아다닌다는 걸 믿을 수 없었다. 언니는 중국의 무인 자율주행 자동차에 대해 자세히 설명했다.

로보택시에 관한 얘기가 끝나자, 둘은 기다렸다는 듯 한마디씩 뱉었다.

"진짜 안전할까요?"

"사고 나면 어떻게 해요?"

"생각보다 안전해. 미국 샌프란시스코에서도 2023년부터 무인 자율주행 택시가 돌아다녀. 또 미국에서는 무인 자동차도 사람처럼 운전면허 시험을 봐야 해. 시험에 통과해야만 무인으로 주행할 수 있지."

언니는 차분하게 얘기하면서 둘과 눈을 맞췄다.

"운전면허시험요?"

채민이가 눈을 껌뻑거리며 물었다.

 넷제로 인싸되기

세계 최초의 무인 자율주행 자동차

■ 아폴로 고 로보택시

'아폴로 고'는 중국 최초의 완전 무인 로보택시이다. 승객은 스마트폰 앱을 통해 로보택시를 호출하고 목적지를 정할 수 있다. 탑승 후 안전띠를 매고 출발 버튼을 누르면 자동차가 움직인다. 도착하면 자동으로 요금이 결제된다.

로보택시는 2021년 11월에 시범 운영하였고, 2023년 3월, 중국 정부에서 완전 무인 주행을 허가받았다. 세계 최초의 무인 허가이다.

베이징시 10개 구역에서 100대 이상의 로보택시가 돌아다닌다. 베이징뿐 아니라 상해, 창주, 창사, 광주에서도 로보택시를 탈 수 있다. 2023년 말까지 로보택시는 40만 명이 넘는 승객을 태웠다.

향후 2025년에는 65개 도시, 2030년부터 100여 개 도시에서 로보택시를 운영할 계획이다.

아이오닉5 로보택시의 운전면허

현대자동차의 아이오닉5 로보택시는 미국 네바다주 주행 시험관의 감독 아래 실제 미국 운전면허 시험과 유사한 과정에 도전했다. 급정거, 교통법규 준수, 옆 차로 상황 인지 등 라스베이거스 내 도로 주행 및 운전 시험을 통과했다.

자율주행 성능 5단계

2023년 기준으로 자율주행 성능은 5단계로 구분한다. 레벨 4단계가 넘으면 사람이 운전석에 앉지 않아도 자율주행이 가능하다. 중국과 미국에서 운행하는 자율주행 자동차는 모두 레벨 4단계이다.

레벨	명칭	운전	자동화구간	예시
Lv0	전통적 주행	항시 필수		사각지대 경고
Lv1	운전자 지원	항시 필수	특정 구간	조향 또는 감·가속
Lv2	부분 자동화	항시 필수 (핸들을 항상 잡아야 함)	특정 구간	조향 및 감·가속 동시 작동
Lv3	부분 자동화	시스템 요청 시 (핸들 잡을 필요 없음, 비상시 운전자 직접 운전)	특정 구간 (고속도로, 자동차 전용도로)	고속도로 혼잡구간 주행 지원 시스템
Lv4	고도 자동화	작동구간 내 불필요 (비상시 시스템 대응)	특정 구간	지역 무인택시
Lv5	완전 자동화	전 구간 불필요	전 구간	운전자 없는 완전자율주행

자동차가 운전면허시험을 친다는 게 어색했다. 게다가 자동차가 스스로 어떤 판단을 하는지 궁금했다.

"자율주행 성능도 단계가 있어."

"중국에서 운행하는 로보택시는 진짜 운전하는 사람이 없나요?"

"없지."

"이런 자동차가 늘어나면, 자동차 대수가 더 증가하는 거 아닌가요? 이것도 자동차잖아요."

"그렇지 않아. 만약, 지금 도로에 시내버스 100대가 돌아다닌다고 생각해봐. 이 버스는 20분마다 정류장에 도착해. 평소에는 버스에 승객이 많지 않아 편하게 탈 수 있어. 하지만 붐비는 시간에는 승객이 많아 버스 타는 게 불편하잖아."

"운전하는 사람을 더 뽑고, 버스도 미리 대기시켜놓으면 되잖아요?"

채민이가 툭 끼어들며 물었다.

"승객이 없을 때, 버스는 세워두면 연료비가 들어가지 않지만, 운전기사는 어떡하지? 일이 없으니, 잠시 쉬라고 할까? 바쁠 때는 또 부르고?"

언니 질문에 채민이는 아무 말도 하지 못했다.

"이럴 때, 자율주행버스가 있으면 어떨까? 승객이 많을 때 버스를 자주 운행하고, 반대로 승객이 없을 때는 버스 운행을 줄이는 거지. 사람이 없어도 되니까 필요할 때 바로바로 사용할 수 있잖아?"

"자율주행 자동차라면 가능하겠어요. 버스 타는 게 편해지면, 많은 사람이 자동차보다 대중교통을 선택할 거예요."

채민이가 이해했다는 듯 힘차게 고개를 끄덕였다.

"좀 더 새로운 기술은 없나요? 공상과학영화 보면 헬리콥터 같은 거 타고 다니잖아요."

지연이가 빙그레 웃으면서 말하고는 눈을 말똥말똥 뜨고 언니를 쳐다보았다.

"그런 것도 곧 나와."

"정말요!"

언니 얘기에 지연이가 깜짝 놀랐다. 그냥 해본 얘기인데, 진짜 나온다는 말이 신기했다. 언니는 스마트폰에서 뭔가 검색했다. 개인이 타고 다닐 수 있는 새로운 이동 수단인 수직이착륙 비행체였다.

"드론하고 비슷하네요."

채민이가 사진을 보며 말했다.

"맞아. 아주 큰 드론이라 생각하면 돼. 지금 드론은 사진 촬영, 무인 감시, 물건 배송 등 다양한 곳에서 사용되고 있잖아."

"맞네요. 무거운 물건도 나를 수 있는데, 사람도 가능하겠죠."

지연이가 팔을 들어 날아가는 시늉을 했다.

"드론처럼 개인용 비행체는 배터리에 전기를 저장해서 사용해. 이동할 때, 온실가스 배출을 전혀 하지 않지."

"정말 좋네요."

채민이가 얘기를 들으며 미소를 지었다.

"또 있어. 하이퍼튜브라고 들어봤니?"

"하이퍼튜브요? 처음 들어요."

언니는 하이퍼튜브에 관해서도 설명해주었다. 진공 튜브 속에서 시속 1,000km 이상으로 달리는 열차였다. 하이퍼튜브 열차가 개통하면, 서울에서 부산까지 20분 내로 갈 수 있다.

"1,000km면 비행기보다 빠른 거 아닌가요? 엄청난데요!"

"만약, 이 3가지 신기술이 통합이동 서비스(MaaS)와 연결되면 어떤 일이 벌어질까?"

언니 얘기에 둘은 눈을 좌우로 움직이며 여러 가지 상상을 했다.

넷제로 인싸되기

미래의 교통 전망

도시화, 교통 수요의 확산, 기술의 발달 등으로 인해 미래에는 첨단과학과 접목한 새로운 교통통합서비스가 나타날 것으로 예상한다. 대표적인 기술로 자율주행차량, 도심항공교통(UAM-Urban Air Mobility), 하이퍼튜브 등이 있다.

① 자율주행 자동차 : 자율주행 자동차는 인공지능, 빅데이터, 영상처리 기술 등을 사용하여 운전자 대신 자동차가 스스로 모든 상황을 판단하면서 이동할 수 있다. 자율주행 자동차는 자율주행 로보택시, 자율주행 버스를 중심으로 대중화가 먼저 이루어질 것이다. 또한 미래 교통환경이 빠르게 변하는 만큼 자율주행에 관한 규제, 규정, 지침 등도 빠르게 바뀔 것이다.

② 도심항공교통(UAM-Urban Air Mobility) : 미래에는 개인용 비행체를 대중교통 수단으로 이용할 것이다. 지금 택시를 이용하는 것처럼 누구나 항공택시를 이용할 수 있다. 개인용 비행체는 수직이착륙할 수 있으며, 전기를 충전할 수 있는 배터리를 사용한다. 소음이 적고 배출가스가 없으므로 도시에서 사용할 수 있는 친환경 항공 교통수단으로 적합하다. 2024년 파리 올림픽 기간 동안, 플라잉 택시가 시범 운행한

〈파리 올림픽 플라잉 택시 시범 운영〉

〈전용 이착륙장인 터미널〉

다. 파리 시내에서 공항까지 가는데 약 16만 원의 요금을 받는다.

개인용 비행체는 공유형 항공택시 서비스로 이용하며, 전용 이착륙장인 터미널을 중심으로 철도역과 연결되어 대중교통 환경을 더 편리하게 만들어 줄 것이다. 상용화에 앞서 개인용 비행체의 도심 비행 관련 법, 제도, 보험, 지침이 먼저 만들어져야 한다.

③ 하이퍼튜브 : 하이퍼튜브는 진공 튜브 내 자기력으로 띄운 캡슐 열차 시스템으로 공기저항과 마찰이 거의 없어 1,200~1,300km/h까지 운행할 수 있다. 하이퍼튜브는 초고속으로 이동하기 때문에 기술의 안전성이 매우 중요하다. 또한 사고 발생 시, 사고대응 및 대응에 대한 기술개발도 필요하다.

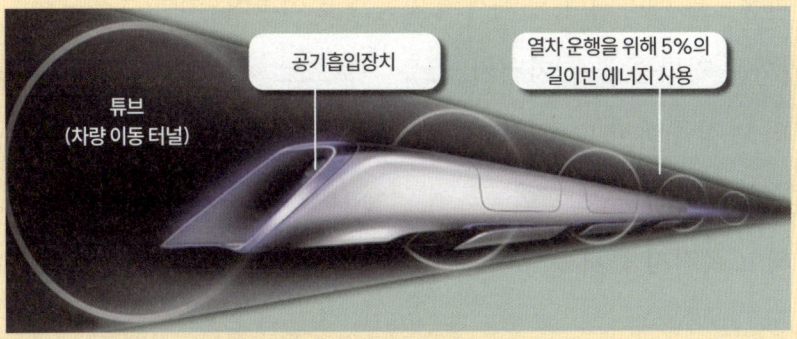

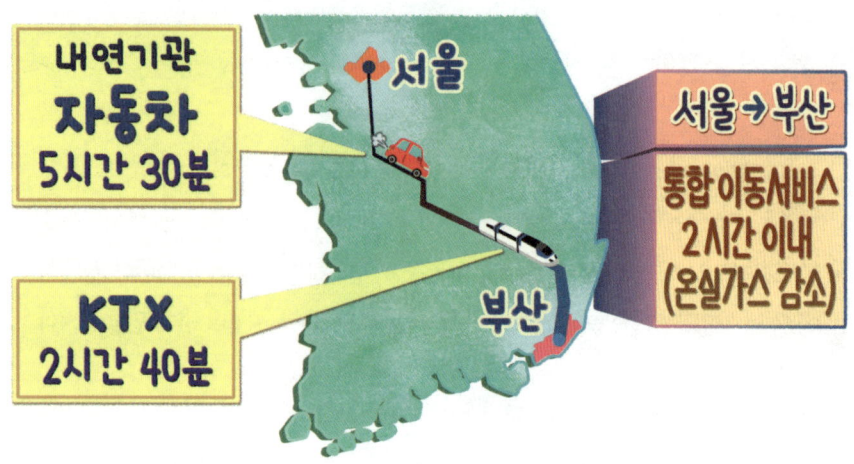

언니는 둘을 보며 미래 교통에 대해 차분히 얘기했다.

미래에는 대중교통을 이용하여 어디든 편하게, 빠르게 이동할 수 있다. 첨단기술이 결합한 통합이동 서비스를 이용할 수 있기 때문이다.

누구나 스마트폰 속의 프로그램을 사용하여 목적지까지의 이동 방법을 검색할 수 있다. 여기서 최적의 방법을 선택하면 모든 교통수단이 자동으로 예약되며, 결제까지 자동으로 이루어진다.

가까운 거리는 공유 자전거, 공유 킥보드로 이동하고 자율주행버스를 타고 항공택시 터미널로 간다. 항공택시로 하이퍼튜브 열차역에 도착한다. 빠른 속도로 이동하여 역에 내린다. 여기서 다시 항공택시를 타고 목적지 근처까지 이동한다. 도착지까지 자율주행버스로 움직인다. 대중교통을 이용했지만, 서울 집에서 부산의 약속 장소까지 2시간 내 이동할 수 있다.

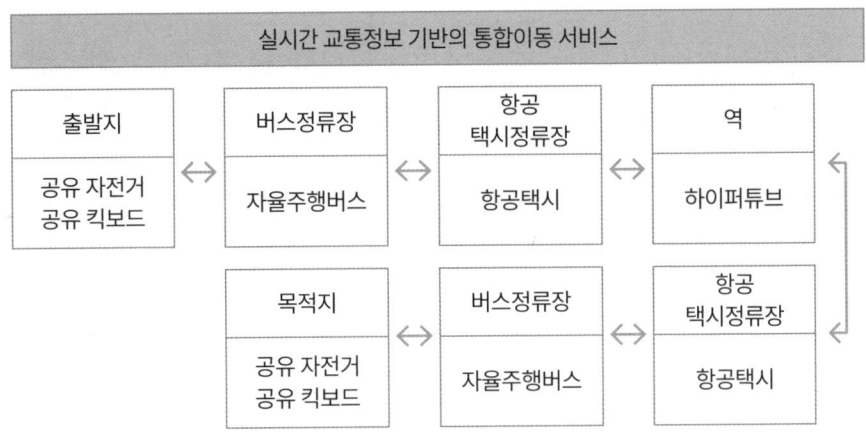

채민이와 지연이는 눈이 휘둥그레졌다. 언니 설명이 끝나자, 둘은 서로 한마디씩 뱉었다.

"서울에서 부산까지 대중교통으로 2시간이면 갈 수 있다니. 너무 좋은데요!"

"이 정도라면 누가 자동차를 운전해서 먼 곳까지 다니겠어요. 모두 대중교통을 이용할 것 같아요. 정말 엄청난데요!"

"맞아."

언니가 고개를 끄덕이며 시계를 슬쩍 보았다.

"어! 시간이 벌써 이렇게 됐네."

1시간 뒤 약속이 있었다. 대중교통을 타고 가려면, 조금 서두는 게 마음이 더 편했다.

"오늘은 여기서 끝내야겠다. 다음에 또 만나서 얘기할까?"

"네. 좋아요."

언니가 먼저 일어나 손을 흔들며 밖으로 나갔다. 지연이와 채민이도 편의점에서 나와 집으로 향했다.

"이제 결정했어?"

지연이가 먼저 물었다.

"응, 정했어."

"뭔데?"

"네 말대로 차를 사지 말고, 대중교통을 이용하자고 설득할 거야. 그리고 자전거는 공유자전거를 이용하자고 말할 거야."

"자전거는 안 살 거야?"

"대중교통을 이용하려면, 자전거는 불편하잖아."

"아, 맞네."

넷제로 인싸되기

2050년 대한민국 수송 분담률과 탄소중립

우리나라 전체를 대상으로 2050년에 예측한 수송 분담률*은 내연기관 승용차 62.6%, 버스 19.8%, 철도교통 14.4%이며 온실가스 배출량은 191.4천 톤 CO_2eq/일로 추정했다. 이런 추세로 2050년이 되면, 수송 부문에서의 탄소중립은 이뤄질 수 없다. 2050년, 교통 부문에서의 탄소중립을 달성하려면, 수송 분담률을 친환경 승용차 39.0%, 버스 12.4%, 철도교통 47.5%로 조정해야 한다. 이렇게 해야만 온실가스 배출량이 2.1천 톤 CO_2eq/일로 줄어들며 교통 부문의 탄소중립을 달성할 수 있다.

구분	교통수단별 목표량							온실가스 배출량
	내연기관			친환경 (전기 및 수소)			철도교통	
	승용차	버스	소계	승용차	버스	소계		
현황 (A)	62.6	19.8	82.4	3.1	0.1	3.2	14.4	191.4
목표 (B)	0.8	0.3	1.1	39.0	12.4	51.4	47.5	2.1
차이 (B-A)	-61.8	-19.5	-81.3	35.9	12.3	48.2	33.1	-189.3

(단위 : %, 천톤 CO_2eq/일)

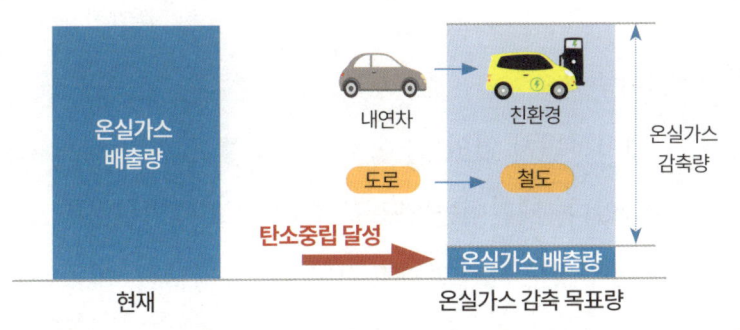

*수송 분담률: 특정 교통수단의 수송량이 차지하는 비율

이번 휴가는 공정여행으로

채민이는 저녁을 먹기 전, 편의점 언니에게 들었던 얘기를 정리했다. 아빠가 쉽게 자동차 구매를 포기할 것 같지 않았다. 자료를 정리해 보여주면서 얘기하는 게 성공 가능성을 높이는 방법이라고 생각했다.

채민이는 저녁을 먹으면서 가족회의를 하자고 했다. 아빠도 여름휴가 얘기를 해야 한다며, 흔쾌히 허락했다. 저녁을 먹고 모두 거실에 모였다. 채민이가 정리한 자료를 먼저 돌렸다.

"꼼꼼히 읽어주세요."

채민이가 얘기하면서 앉았다. 아빠가 자료를 읽다가 깜짝 놀란 듯 자세를 고쳐잡았다. 채민이는 자료를 손에 쥐고 얘기를 시작했다. 자동차를 팔고, 아무것도 사지 말자고 간단하게 주장했다. 대중교통을 이용하면, 돈도 아낄 수 있고 온실가스 배출도 줄일 수 있다고 얘기했다.

"차를 안 사는 게 좋겠다고? 그러면 뭘 타고 다니지?"

아빠가 조금 놀란 듯 얘기를 하면서 얼굴을 찌푸렸다.

"채민이 말이 맞는 것 같은데요."

엄마가 밝은 표정으로 고개를 끄덕이며 차분한 목소리로 얘기했다.

"잠깐만요. 보여드릴 게 있어요."

채민이는 스마트폰을 꺼내 '우달여' 앱을 보여주었다. 이것만 있으면, 누구나 편리하게 대중교통을 이용할 수 있다고 설명했다. 아빠가 '우달여' 앱을 자세히 살폈다.

"이거 괜찮네."

아빠도 마음에 들었는지, 스마트폰을 보면서 흐뭇한 미소를 지었다. 그러고는 무슨 생각을 하는지 한참 동안 말이 없었다.

"뭔 생각을 그렇게 오래 해요? 당신 생각은 어때요?"

엄마가 아빠 어깨를 툭 치며 말을 걸었다.

"아, 아, 미안. 내, 내 생각?"

아빠가 당황한 듯 말을 더듬었다. 아무리 생각해도 채민이 말이 옳았다. 새 차를 꼭 사야 하는 이유를 댈 수 없었다. 모두 아빠를 쳐다보며 대답을 기다렸다.

"좋아. 우리 채민이 말대로 하지."

아빠가 어색한 웃음을 지으며 고개를 끄덕였다. 모두 예상하지 못했다는 듯 깜짝 놀랐다.

"그러면 이번 휴가는 해외여행 어때요? 차 팔면 공돈 들어오잖아요. 채민이 친구는 한 달 동안 카자흐스탄을 여행한대요."

"정말?"

해외여행이라는 말에 아빠 표정이 밝아졌다. 곧바로 해외여행을 승낙했다.

"아빠, 지연이네랑 같이 가는 건 어때요?"

"좋지. 우리 채민이 어릴 때는 지연이네랑 같이 많이 다녔는데. 초등학교 들어가고는 한 번도 못 갔지. 빨리 물어보고 답을 줘. 그래야 계획을 짜지. 이제 곧 8월이야."

아빠가 경쾌하게 얘기하면서 채민이를 물끄러미 바라보았다. 채민이는 지연이에게 곧바로 연락했다.

다음 날 아침, 지연이에게 연락이 왔다. 지연이도 엄마 아빠의 허락을 받아냈다. 그 대신 채민이와 지연이가 직접 여행 계획을 짜보라는 조건을 달았다. 둘은 피아노 수업을 마치고 여행 계획을 세우기로 약속했다.

채민이는 점심을 먹고 여행지를 검색했다. 여름에 동남아시아는 너무 더울 것 같았다. 우리나라보다 더 위쪽에 있는 나라가 좋을 듯했다.

"어디를 가지? 휴!"

지도를 보면서도 한숨이 계속 나왔다. 나라 이름만 알뿐, 아는 게 없었다. 지연이한테 전화를 걸었다. 지연이도 마찬가지였다. 지연이에게 노트북을 가져오라고 부탁했다.

피아노 수업이 끝나고, 둘은 편의점으로 갔다. 언니가 채민이를 보고 먼저 아는 척했다.
"성공했니?"
"그럼요. 이제 우리 집도 차를 없애고, 대중교통을 이용하기로 했어요."
"잘했네. 혹시, 내가 도와줄 일 또 없어?"
언니 말에 채민이와 지연이는 여행 계획 세우는 일이 어렵다고 얘기하면서 어제 일을 털어놓았다. 언니는 30분 뒤에 일을 끝내고 도와주겠다고 약속했다.
둘은 창가 앞에 자리를 잡고 노트북을 펼쳤다. 세계 곳곳을 검색하며 자료를 찾다가 파란 하늘을 보았다.
"비행기 타고 하늘로 올라갈 때 기분이 너무 짜릿하지 않니?"
"난, 크루즈 타고 싶어. 큰 배를 타고 여러 나라를 돌아다니는 거 멋지지 않아?"
둘은 신이 난 듯 여행 얘기를 하면서 언니를 기다렸다. 언니가 오면서 둘의 얘기를 우연히 들었다."

"자동차 없애고 대중교통 이용할 거라면서, 탄소배출 많은 비행기랑 배를 타겠다고?"

언니가 자리에 앉으면서 둘에게 잔소리하듯 장난치며 얘기했다.

"정말요!"

둘은 깜짝 놀란 듯 동시에 한 목소리로 대답했다.

"내가 진짜 좋은 여행 방법을 알려줄게. 나도 작년에 이 방법을 실천했지."

"그게 뭔데요?"

지연이가 궁금한 듯 눈을 크게 뜨고 물었다.

"이 여행 방법을 이해하려면, 배와 비행기에 대해서도 좀 알 필요가 있어."

넷제로 인싸되기

항공 부문 탄소중립

2019년 기준, 항공산업의 탄소배출량은 전 세계 탄소배출량의 2% 정도를 차지했다. 배출량은 1.06GT였다. 이 수치는 육상 운송의 약 12%로 절대 작지 않은 비중이다. 또한 항공산업의 배출량은 연평균 2.15% 증가하여 2050년에는 2.05GT까지 증가할 것으로 예상했다.

2019년 기준으로 항공 부문은 전 세계 석유제품의 약 8%를 소비했다. 국제단체인 국제항공운송협회(IATA)는 2050년까지 탄소중립 달성을 목표로 세웠지만, 항공 분야의 탄소중립은 불가능할 것으로 예상했다.

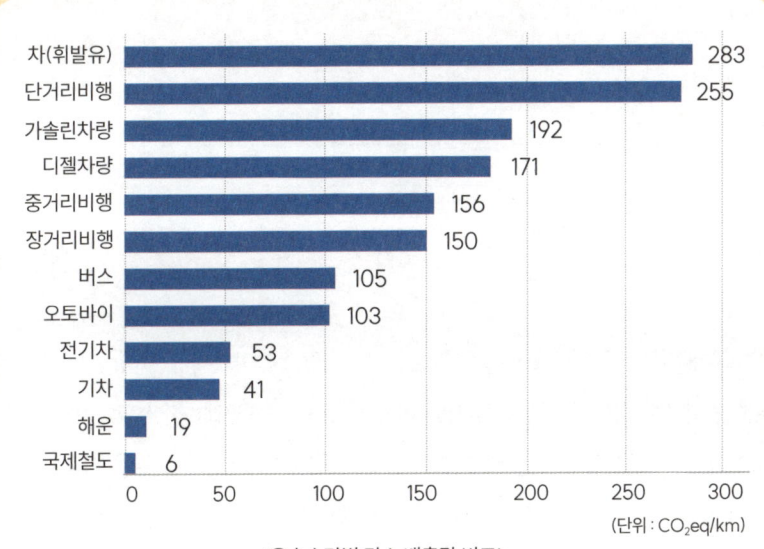

운송수단	배출량
차(휘발유)	283
단거리비행	255
가솔린차량	192
디젤차량	171
중거리비행	156
장거리비행	150
버스	105
오토바이	103
전기차	53
기차	41
해운	19
국제철도	6

(단위 : CO_2eq/km)

〈운송수단별 탄소 배출량 비교〉

단거리 비행 대신 기차를 이용할 경우, 1km당 약 84%의 탄소를 감축할 수 있다. 단거리 항공은 장거리 항공에 비해 단위 거리당 탄소 배출량이 많다. 비행기 이륙 시에 소모되는 에너지가 비행의 순항(cruise) 단계보다 훨씬 많기 때문이다. 또한 환승보다 직항편의 배출량이 적다. 1인당 배출량은 일등석이나 비즈니스 클래스가 일반석에 비해 각 3~4배가량 높은데, 좌석당 더 많은 공간을 사용하면 한 사람이 배출하는 양이 증가하기 때문이다.

항공 분야에서 CO_2 배출 감축이 어려운 이유는 ①항공기에 새로운 기술을 적용하는 것에 대한 규제가 엄격하고 ②대체가능한 저탄소 연료는 너무 비싸며 ③항공사 수익이 낮아 온실가스 배출을 줄이기 위해 추가 비용을 사용할 여유가 많지 않고 ④항공기 갱신 주기(renewal cycle)가 길어 시간이 많이 필요하기 때문이다.

부문	2018	2019	2020	2021
도로	82	79	64	95.37
철도	0	1	0	0.21
항공	1	1	2	1.69
해운	3	2	2	1.28
기타	0	0	0	0.09
합계	86	83	68	98.64

(단위 : 백만톤)

우리나라 항공 부문의 탄소배출량은 2019년 기준으로 약 1백만 톤이다. 전체 운송 부문 중 약 1.1%밖에 차지하지 않지만 이것은 국내 배출만 집계한 수치이다. 2019년 기준 국제항공 부문 배출량은 약 2.3천만 톤이었다. 수송 부문 배출량의 전체 약 16% 수준이다. 항공 수요가 늘어나면서 연평균 17% 증가하였다.

항공 부문의 탄소중립을 위해 가장 좋은 방법은 항공 교통의 이용을 줄이는 것이다.

"그게 뭔데요."

언니가 말하고 싶은 것은 배와 비행기에서 배출하는 온실가스였다. 언니는 먼저 항공 부문의 탄소중립에 대해 간단히 설명했다.

"비행기가 이렇게 많이 배출하는지 몰랐어요."

"저도요."

둘의 얘기에 언니가 미소를 지었다. 그러고는 노트북을 앞으로 당겼다.

"설명을 백 번 듣는 것 보다, 너희가 두 눈으로 직접 보는 게 더 나을 거야. 어느 나라로 한번 떠나볼까?"

"카자흐스탄요. 며칠 전에 친구가 카자흐스탄으로 여행 갔어요."

채민이가 씩 웃으며 잽싸게 얘기했다. 언니는 카자흐스탄으로 가는 비행기표를 검색했다. 화면에 회사별로 시간과 금액이 나왔다.

"여기 한번 볼래?"

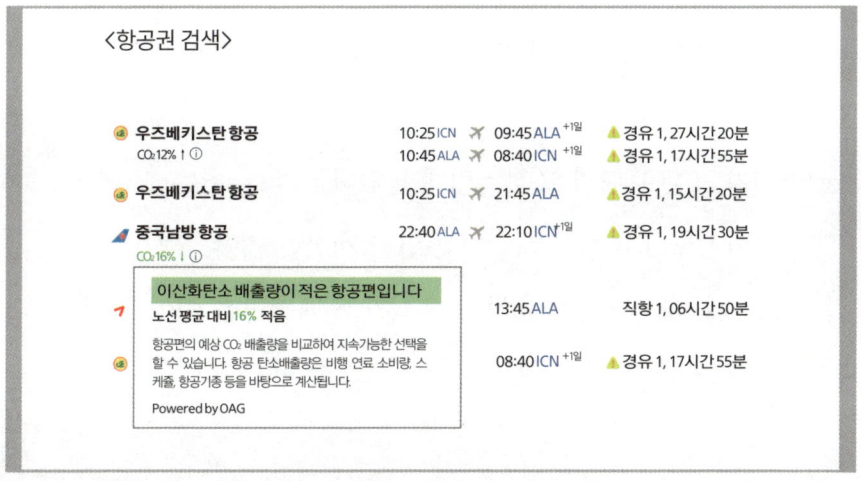

언니가 손가락으로 화면 왼쪽을 가리켰다. 이산화탄소 배출량 표시를 누르자, '노선 평균 대비 16% 적음'이라는 설명이 나타났다.

"비행기표도 온실가스 배출이 적은 곳으로 골라야겠네요."

"맞아. 비행기를 꼭 타야 한다면, 온실가스 배출량이 적은 곳으로 고르는 게 좋아."

언니가 항공 부문의 탄소중립에 관한 얘기가 끝내고 선박에서 배출하는 온실가스에 관해 설명했다.

스마트폰에 떠 있는 표를 조금 더 키웠다. 조금 전에 봤던 대한민국 교통수단별 온실가스 통계였다.

"해운에서 발생하는 양을 자세히 봐."

"생각보다 해운에서 발생하는 온실가스가 많지 않네요. 그러면 비행기보다 배를 선택해야 하나요?"

지연이가 웃으며 물었다. 언니가 고개를 세차게 흔들었다.

"우리나라에서 수출할 때, 비행기보다 배로 많이 하잖아요. 혹시, 배도 해외에서 배출하는 양을 뺀 건가요?"

채민이가 표를 보다가 조심스럽게 물었다.

"맞아. 이것도 국내에서 배출하는 양만 계산한 거야."

"수출할 때, 해외에서 배출하는 온실가스 배출량은 어떻게 돼요? 태평양에서 배출하면, 근처 국가 배출량으로 잡히나요?"

 넷제로 인싸되기

해상 운송 부문의 탄소중립

▌선박별 온실가스 배출 비율

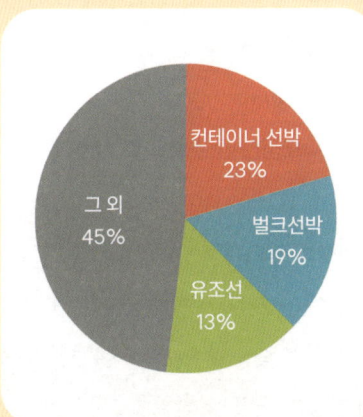

2018년 기준으로 해운산업은 전 세계 온실가스 배출량 중 2~3%를 차지했다. 배출량은 약 .0771기가톤(GT)이다. 선박은 육상 교통수단과 달리 다양한 국가로 운항하며, 선박의 등록 국가, 실제 선주, 선박의 이용 주체가 서로 달라 특정 국가에 탄소 감축에 대한 의무 및 규제를 부과하기 어렵다. 이런 상황을 고려하여, 해운산업의 탄소중립은 국제해사기구(IMO)에서 맡았다. 2023년 7월, 국제해사기구는 새로운 규제안을 발표했다. 기존에는 2050년까지 2008년 온실가스 배출량 대비 50% 감축이 목표였다. 하지만 새로운 규제안에는 2050년까지 온실가스 100% 감축을 목표로 잡았다.

시기	온실가스 배출량 감축 목표	비고
2030년	최소 20% 감축, 30%까지 감축 노력	2008년도 배출량 기준
2040년	최소 70% 감축, 80%까지 감축 노력	
2050년 경	Net-Zero 실현 (기존 50% 감축에서 목표 상향)	

또한 유럽연합도 2024년부터 해운을 온실가스 배출권 거래제에 포함하면서 선박의 온실가스 배출 기준을 더 높였다.

큰 배는 왜 다른 나라에 등록할까?

<마이애미 항구의 화물선>

다른 국가에서 선박을 등록하는 것은 'FOC(Flag of Convenience, 편의기)'나 'Open Registry(개방등록)', 국제해사기구(IMO)에서는 'Administration(행정부)'라고 표현한다. 우리나라에서는 현재 일본식 표현법인 '편의치적(便宜置籍)'으로 부른다. 세계 해운 시장에서는 자기 국가에 선박을 등록하는 것보다 편의치적을 더 많이 선택한다. 많은 선박이 편의치적 제도를 선택하는 이유는 여러 가지 이점 때문이다. 선박의 주인은 제3의 국가에 선박을 등록함으로써 중립성을 확보할 수 있다. 이것을 통해 전쟁위험(나포) 회피, 자유로운 무역 활동 등이 가능하다. 또한 선원을 고용할 때 제한이 없고, 영업이익에 대한 각종 세금(소득세, 법인세 등)이 낮으며, 선박 단위의 제한적 책임만 지면서 좀 더 편하게 움직일 수 있다. 선박을 많이 등록하는 국가로는 파나마, 라이베리아, 마셜 아일랜드이다. 이 세 나라에 등록된 선박의 총 톤수는 2020년 기준으로 파나마 16%, 라이베리아 13%, 마셜 아일랜드 11%로 전 세계 선박의 40%에 달한다.

선박 연료

선박의 탄소중립은 연료에 달려있다. 2023년 기준으로 선박에서 가장 많이 사용하는 연료는 벙커C유(HFO, 고유황유)이며, 연료의 황 함유량에 따라 LSFO, MGO,

LSMGO로 나눈다. 벙커C유는 가격이 저렴하고 발열량과 효율이 높아 대형선박 연료로 많이 사용한다. 하지만 온실가스를 많이 배출하고, 매연, 분진 등 다양한 오염물질을 배출한다.

■ 선박이 배출하는 오염물질

- 이산화탄소(CO_2) : 지구온난화의 야기
- 이산화황(SO_2) : 산성비와 호흡기 문제의 발생
- 질소산화물(NO_x) : 산성비, 스모그 발생 원인과 호흡기 문제의 원인
- 일산화탄소(CO) : 독성 가스
- 휘발성 유기 화합물(VOC) : 스모그 발생 원인과 호흡기 문제의 원인
- 연기 입자 : 폐 질환, 심장 질환 및 암을 일으킬 수 있는 미세한 입자
- 중금속 : 수은, 카드뮴 및 비소와 같은 유해 물질 발생
- 폴리시클릭 방향족 탄화수소(PAH) : 암을 유발하는 것으로 알려진 화학 물질

향후 대형선박은 온실가스 배출을 줄이기 위해 친환경 연료로 빠르게 바뀔 것이다. 선박에서 사용하는 친환경 연료에는 저탄소연료, 탄소중립연료, 무탄소연료가 있다.

저탄소연료	LNG, LPG
탄소중립연료	바이오디젤, 바이오에탄올
무탄소연료	암모니아, 수소

"아니야. 유조선이나 컨테이너선 같은 대형선박은 파나마, 라이베이아, 마셜 아일랜드 같은 중립국에 등록을 많이 해."

"왜요?"

"그래야 편하게 전 세계를 다닐 수 있어. 이점도 많고. 그래서 선박의 탄소중립은 국가가 아닌 '국제해사기구'라는 단체에서 맞았지. 사실, 큰 배에서 배출하는 온실가스양도 꽤 많아. 전 세계 온실가스 배출량의 2~3%를 차지하거든."

언니는 해상 운송 부문의 탄소중립에 대해서도 자세히 설명해주었다.

"그러면 우리는 여행을 어떻게 가야 하나요?"

채민이가 울상을 지으며 언니를 빤히 쳐다보았다.

"공정여행. 올해 여름에는 공정여행을 해보는 거 어때?"

"공정여행요?"

 넷제로 인싸되기

공정여행

여행지의 환경에 해를 끼치지 않고, 현지 문화를 존중하며, 주민에게 적절한 비용을 지불함으로써 지역 경제에 혜택이 돌아가도록 노력하는 여행 방법이다. 의미 있는 공정여행을 하려면 여행자의 노력이 필요하다.

- ✓ 대중교통을 이용하고, 도보나 자전거로 여행지의 자연과 문화를 경험하며 탄소배출을 최소화한다.
- ✓ 일회용품을 사용하지 않고, 쓰레기 배출과 물 낭비도 최대한 줄여 여행지의 환경을 지킨다.
- ✓ 출발하기 전에 여행 지역의 정보를 미리 알아보고, 현지인과 어울리면서 여행 지역의 문화를 체험한다.
- ✓ 지역주민이 운영하는 숙소, 상점, 식당 등을 이용하고 현지인에게 경비를 직접 전달해 지역경제에 도움을 준다.
- ✓ 생활 방식이나, 종교 등 다른 문화를 존중한다.
- ✓ 여행 경비의 1%는 현지 단체에 기부하는 나눔을 준비한다.
- ✓ 현지 사람들의 사진을 찍을 때는 허락을 구하고 약속한 것은 지킨다.
- ✓ 대형마트보다 지역에서 판매하는 특산물이나 공정무역 제품을 구매한다.

언니가 공정여행에 대해 간단히 설명했다.

"공정여행, 정말 좋은데요. 공정여행을 하면 탄소중립을 실천한다는 느낌이 들 것 같아요."

"정말!"

언니가 환하게 웃으며 지연이를 보았다.

"어디가 좋을까?"

"부산 어때? 아직 부산 한 번도 못 가봤어."

"나도. 이번 휴가는 부산으로 정하자. 어때?"

"좋아!"

채민이는 신이 나는 듯 손을 번쩍 들어 올렸다. 지연이도 팔을 들어 서로 손뼉을 부딪쳤다.

"가자, 부산으로!"

지연이가 손을 들어 남쪽을 가리켰다.

"얘들아!"

언니가 차분한 목소리로 얘기했다.

"왜요?"

"혹시, 부모님이랑 어디 갈지 같이 정해야 하는 거 아냐?"

"맞아요. 어떡하지?"

채민이가 손으로 탁자를 '탁' 치면서 지연이를 바라봤다.

"어떡하긴! 더 어려운 것도 해냈는데, 이 정도는 쉽지 않을까? 지구를 더 건강하게 만들기 위해 공정여행을 가자는데, 누가 반대하겠어."

"맞아. 우리 한번 해보자."

 채민이가 환하게 웃으면서 창밖으로 고개를 돌렸다. 파란 하늘에 하얀 구름이 씽긋 웃으며 둘을 바라보았다. 지연이도 파란 하늘을 보면서 환한 미소를 보냈다.

집에서도 차에서도 실천하는 탄소 다이어트

초판 1쇄 찍은날 | 2024년 7월 5일

글 | 정종영
그림 | 정유나

펴낸이 | 박성신
펴낸곳 | 도서출판 쉼
등록번호 | 제406-2015-000091호
주소 | 경기도 파주시 문발로115, 세종벤처타운 304호
대표전화 | 031-955-8201 팩스 | 031-955-8203
전자우편 | 8200rd@naver.com

ISBN 979-11-87580-96-6 73450

· 이 책은 저작권법에 따라 보호를 받는 저작물입니다. 무단전재 및 무단복제를 금합니다.
· 잘못된 책은 구입하신 곳에서 교환해 드립니다.
· 쉼어린이에서는 원고투고를 받습니다. 전자우편 8200rd@naver.com으로 보내주세요.

이 책에 나오는 정보는 한국에너지공단 〈2020년 제로에너지건축물인증기술요소참고서 Ver2〉, 국토교통부, 환경부, 롯데건설, 한국서부발전, (주)한국도시녹화, 도봉구청, 우포너코리아, 현대엔지니어링, 더기어, 자동차 배출가스 종합전산시스템, 위키백과, 대전시청, 항공안전기술원, 한국철도기술연구원, 국토교통과학기술진흥원 등의 자료를 참고하였습니다.